基础教育阅读工程

快乐读书吧

ShiWanGe WeiShenMe

十万个为什么

四年级 · 下

〔苏〕米·伊林◎著　　许凤才◎编译

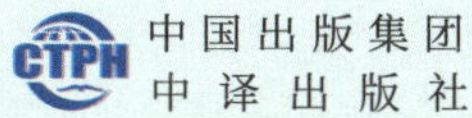

中国出版集团
中译出版社

图书在版编目（CIP）数据

十万个为什么 /（苏）米·伊林著；许凤才编译.
-- 北京：中译出版社，2020.12（2024.3 重印）
（基础教育经典阅读工程 / 宿春礼主编）
ISBN 978-7-5001-6434-0

Ⅰ.①十… Ⅱ.①米… ②许… Ⅲ.①科学知识 – 青少年读物 Ⅳ.①Z228.2

中国版本图书馆CIP数据核字（2020）第238332号

出版发行： 中译出版社
地　　址： 北京市西城区新街口外大街28号普天德胜大厦主楼4层
电　　话： 010-68002876
邮　　编： 100088
电子邮箱： book@ctph.com.cn
网　　址： www.ctph.com.cn

责任编辑： 温晓芳
封面设计： 曹柏光

排　　版： 北京华夏墨香文化传媒有限公司
印　　刷： 三河市冀华印务有限公司
经　　销： 新华书店

规　　格： 660mm × 960mm　1/16
印　　张： 9.5
字　　数： 105千字
版　　次： 2021年1月第1版
印　　次： 2024年3月第3次

ISBN 978-7-5001-6434-0　　定价：29.80元

出版说明

一个人的阅读史就是他的心灵史、精神成长史。在资讯高度发达、网络和移动终端普及的今天，中小学生在繁重的课业之余，应该选择什么样的书阅读，如何让自己的精神世界更丰盈饱满，而不被繁重的课业搞得很焦虑，不被游戏、娱乐资讯等占用宝贵的时间，使得身心疲惫，甚至偏离正常的生活轨道。这是摆在教育者、家长和学生面前的一道难题，解决之道便是读好书。

经典阅读在人的成长过程中的重要性怎么强调都不过分，前人有关这方面的论述很多，最知名的是培根的名言："读史使人明智，读诗使人灵秀，数学使人精密，哲理使人深刻，伦理学使人有修养，逻辑修辞之学使人善辩。"中国论读书的名言也很多，像"学而不思则罔，思而不学则殆"（《论语》），"读书破万卷，下笔如有神"（杜甫），"书到用时方恨少，事非经过不知难"（陆游），"数百年旧家无非积德，第一件好事还是读书"（张元济），等等，不胜枚举。

教育部新编语文教材在每个单元后都向中小学生推荐了阅读书目。2020 年 4 月 22 日，教育部在世界读书日这一天又发布了"中小学生阅读指导书目"。这些人类文化史上的经典是很多专家根据中小学生的身心特点而建构的知识体系，孩子们阅读这些经典作品后会受益终身。

中译出版社编辑出版的“基础教育阅读工程”丛书，收入了教育部发布的《中小学生阅读指导目录（2020年版）》中的很多经典著作，它是中译出版社多年积淀的宝贵精神财富。中译出版社是一家以中外语言学习和中外文化交流为出版特色的出版社，数十年如一日，出版了大量国内外文学名著、社会科学经典著作、科普名作、名人传记等。我们秉持提供优秀读物的初心，策划出版了这套中小学生语文分级阅读经典，希望给孩子们带去一场非凡的阅读体验。

前　言

人是从什么时候开始洗澡的?

肥皂泡是怎样工作的?

火柴为什么容易点着呢?

我们为什么不会吃生的马铃薯?

为什么面包上有一层硬皮?

究竟是谁最先发明瓷器的?

你的碗柜里面有用沙子制成的物品吗?

最古老的书是什么样子的?

……

在日常生活中，当我们看到水从管道里流出来时，当我们把肥皂沾湿时，当我们划动一根火柴时，当我们从超市买到一个马铃薯时，当我们正准备吃下一个面包当早餐时，当我们拿起一只瓷碗时，当我们打开碗柜时，当我们正在读书时……我们难道不会想到上面提到的那些问题吗?

如果有的话，就说明你是一个对自己的生活和身边的世界充满了好奇的孩子。那么，请保持好你的好奇心，把自己的想象力、创造力继续投放到这本书中。

这本《十万个为什么》中，并不是真的有十万个问题，而是源自1907年诺贝尔文学奖获得者、英国作家鲁迪亚德·吉卜林的一句话——“五千个哪里，七千个怎样，十万个为什么”。

这本书的作者米·伊林是苏联十分知名的科普作家，同时，他还是工程师、儿童文学作家。当米·伊林还是一个小孩子的时候，他就展现了与同龄孩子不一样的对科学的热情，同时，他还十分喜欢接近大自然。为了了解更多关于这个世界的知识，他从小就读了很多书，这为他之后的创作奠定了坚实的知识基础。1914年，他以优异的成绩从中学毕业。后来，他在上大学的时候开始进行创作，有很多短篇作品就是这个时候开始发表的。之后的三十年，他陆陆续续发表很多作品，包括《十万个为什么》《不夜天》《黑白》《几点钟》《在你周围的事物》《自动工厂》《原子世界旅行记》《人怎样变成巨人》(第一、二、三部)、《书的故事》，等等。他的作品非常有特色，他擅长把一些比较晦涩难懂的科学理论和实验，以一种孩子们都能够读懂和明白的方式讲述出来，这对知识、科学的普及非常有益。1953年11月15日，这位科普作家在莫斯科去世，终年58岁。

而即便到半个世纪以后，米·伊林的作品也依旧推动着他的科普影响，他的《十万个为什么》依旧是世界上很多孩子甚至成人们都喜爱阅读的科普作品。这本书就像是一个十分出色的导游，带着小读者们在米·伊林的家里进行了一次详尽的旅行——作品中有水龙头、炉子、餐桌和炉灶、厨房锅架、碗柜等章节。米·伊林把生活中自然而然会接触到的日用品，化作很多实实在在却又充满趣味的问题，然后用自己丰富的科学知识对这些问题进行了解读和回答。他在这本书里提到的科学问题，都是孩子们在自己家里面抬眼、低头可以触手可及的，是实实在在存在于孩子们生活中的，孩子们甚至可以拿上这本书，边在家中阅读，边一一寻找对应的提问处。

历经漫长的时间，这本《十万个为什么》依旧充满了科学知识的魅力，依旧能够解读孩子们对身边生活的疑惑，依旧是一本适合孩子和家长一起阅读的有趣的“家中日用品知识指南”。

目　录

上卷　十万个为什么

三　餐桌和炉灶（1）/021

四　餐桌和炉灶（2）/034

五　厨房锅架（1）/041

下卷　书的故事

一　活的书 / 074

二　不朽的书 / 096

上卷

十万个为什么

一　自来水龙头

人是从什么时候开始洗澡的?

“洗澡”这个词可以说是人尽皆知。可是，我们人类究竟是从什么时候开始洗澡的呢?

如今，每一个城市都有自来水，我们每人每天的用水量大约是十一桶。这个数字对于古代十五、十六世纪的人们来说无异于天方夜谭。例如，住在巴黎这样城市的居民，他们每人每天的用水量仅仅是一桶。你思考一下，这样极少量的水，他们是否可以经常洗澡呢?又是否可以用来洗衣服和清扫房间呢?

他们之所以只有一桶水可以用，是因为那个时候还没有出现自来水。他们只能拿着水桶到广场上的水井去提水，往返非常不方便。现如今在某些小城镇还沿袭着这种取水方法。可令人恐惧的是，一些死猫和死老鼠会经常出现在水井里。当人们发现提上来的水中有这些令人作呕的动物尸体时，又会是一种怎样的感受呢?

在古代，不仅仅是因为缺水，而是在人们的脑海中，根本就还没有形成讲卫生的观念。人们养成勤洗澡的好习惯也刚刚形成不久。

三百年前的国王拥有无尽的财富，他的寝宫布置得富丽堂皇。他的床大得惊人，必须要用一根“铺床棍”才能触及床的边缘。华美的帐幔固定在四根镀金的柱子上，简直可以和一座辉煌的小神殿相媲美。

在国王的寝宫中，你可以看到价格不菲的地毯，来自威尼斯的镜子，还有稀世的钟表。可是，尽管国王这样富有，你却找不到一个洗脸盆。因为国王还没有意识到洗一洗的重要性。

不过，国王有自己的卫生习惯。每天清晨，大臣们会递给他一块湿毛巾，他会用湿毛巾擦擦脸和手。我们觉得这样很简单，可在他们看来，这样的方式就已经达到清洁的目的。

在我们的国家，人们已经养成了爱清洁的好习惯。外国人来到莫斯科后看到俄国人经常出入浴池便感到很诧异。柯林斯医生曾经这样说过："在这里，浴池已经成为人们不可或缺的处所。由于俄国人宗教信仰的需要，他们经常要去洗澡，这样就给浴池带来了收益。当围坐在火炉旁的时候，他们还要经常往自己的身上洒些冷水。有的人甚至会光着身子从浴池跑出来，在雪地上打个滚儿，再回到浴池内。"

听起来是有些不可思议。可是，我们再到巴黎去看看。那里的人们一个月仅仅换一两次衣服。他们关注的是衣襟上的绣花美不美，袖口上的花边名贵不名贵。至于衣服干净不干净，人们似乎不那么在意。夜晚，他们会把内衣和外衣一起脱掉，然后光着身子睡觉。

这样的习惯一直延续到两百年前。慢慢地，人们开始勤换衣服，并且开始使用手帕。可是，使用手帕的人数却是极为稀少的。一些贵族甚至认为，手帕是一种并不需要的奢侈品。

很多人认为床上挂着的帐幔是华美的装饰，其实不然，那是为了防止从天花板上往下掉虫子。于是，至今在有些王宫里还保存着一种防臭虫的大伞。王宫里的臭虫也是非常猖獗的。尽管如此，帐幔却不是防臭虫的法宝，因为它的皱褶是臭虫很舒服的家。

当时，城市中存在的一个严重问题就是没有下水道。巴黎的居民都是从窗户往街道上倒水。他们在街道中间挖一条深沟，水会流到沟里。这给过路人造成很多不便。因为不仅要担心脏水会溅到自己身上，而且也造成街道上非常脏乱。莫斯科的街道也是这样。

在1867年，当人们在莫斯科铺设煤气管道的时候，就发现了十五、十六世纪时期木质街面的遗迹。这古老的街道深埋于地下，上面淤积着1俄尺厚的污泥。在这层街面的上面还有一层街面，上面仍然是一层厚厚的污泥。

这种状态就不难解释为什么古代人会经常生病了。在当时，人们并不在意哪里脏，对疫病更是一无所知。曾经有个城市由于发生了鼠疫和天花等疾病而变得一片荒芜。整个城市只有一半的孩子存活下来，很多穷苦人还因为天花等疾病变得面目全非。

为什么我们现在会比古代人更加健康，身体也越来越强壮呢？那是因为我们拥有自来水龙头、肥皂以及干净的衬衣。

为什么要用水来洗涤？

为什么要用水来洗去污垢呢？难道它只能把污垢带走？就像河里的木板能被水流冲走一样吗？

下面我们就来做一个实验。把脏手放在自来水龙头下冲洗，想一想，它会不会变得干净呢？答案是否定的。洗手的时候，我们的两只手要互相揉搓，这样才能在摩擦的作用下把污垢清除。

在洗衣服的时候，是不是也把衣服简单地放在水里就可以了呢？不是的。洗衣服的时候需要我们不停地用手搓、揉，或者用刷子刷，

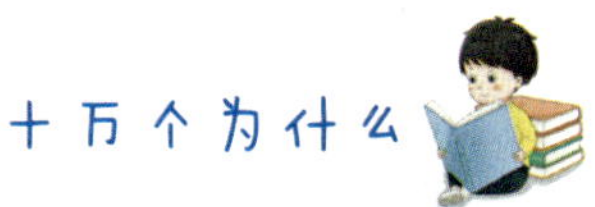

这样才能把衣物上的污垢揉搓掉。这就如同我们用橡皮擦去写错的字一样。污垢被搓下来，水就能轻松地把它们带走了。

肥皂泡是怎样工作的?

在我们清洗衣物或者洗澡的时候，需要用到一个至关重要的东西，那就是肥皂。肥皂是污垢的克星，有了肥皂，我们就可以很轻松地把脏东西洗掉。

例如烟炱，这是一种很难清洗干净的物质。它是一种极其微小的炭粒，边缘是凹凸不平的。这样的颗粒落在皮肤的皱褶里，很难弄出来。不过，此时你要有一块肥皂，它就可以发挥自己的独特作用。肥皂会急速地扑向烟炱，牢牢地把它抓住，然后把它从皱褶里赶出来。

下面我们来思考一下，肥皂是怎样完成自己光荣使命的？好用的肥皂是泡沫多呢，还是没有泡沫呢？

事实证明，泡沫的多少决定肥皂的好不好用。

那么，大家对肥皂泡又了解多少？是否仔细地观察过呢？原来它是由一个个小小的肥皂泡组成的，外面是一层包着水膜的空气球。别看它们小小的，一碰就会碎掉，正是因为它们的存在，那些烟炱的颗粒才会无所遁形。颗粒附着在肥皂的泡沫上，这样水流轻易就能把它们带走。

肥皂泡的用处是很广泛的。在工厂里，正是利用肥皂泡的这一特点，把矿物从废石里分离出来。矿物和废石在水中都是下沉的，要想把它们分开不是一件容易的事。

这怎么办呢？首先把它们磨碎，然后把它们倒入泡沫水中。此时，泡沫该发挥它的强大作用了。它把矿物和废石的小颗粒都紧紧地吸在自己身上。在泡沫的带动下，矿物和废石浮出水面。

下面就开始进行选择。废石的颗粒附着在泡沫上的时间是有限的，很快，废石就会沉入水底，而矿物的颗粒会依然粘在泡沫上。于是，漂浮在水面的就是矿物。

可见，泡沫的作用不小吧。它可不仅仅是小孩子们吹泡泡的玩具。人类真是聪明，利用肥皂泡完成了一项艰巨的任务。

我们为什么要喝水?

也许你会笑着说：这还需要问吗？这是一个多么简单的问题。可是，你能说出理由吗？恐怕能够说出答案的人寥寥无几。

人体为什么会需要水呢？因为水是我们生命的源泉。没有水，人类就无法生存。人活着就需要不断地喝水，水分是人体必需的物质。

我们都有过这样的经历吧。当你对着冰冷的玻璃吹气的时候，玻璃上立刻会变得模模糊糊的，那就是一层小水滴。这些小水滴就来自我们的身体。

炎热的夏天，你一定会大汗淋漓。然而这些汗液是从哪里来的？事实上，也是来自我们的身体。

我们在不停地消耗水分，为了维持身体平衡，就要及时地补充回来。一个人每天要消耗掉大约十二杯水。所以，我们每天至少要喝下或者吃下十二杯水。

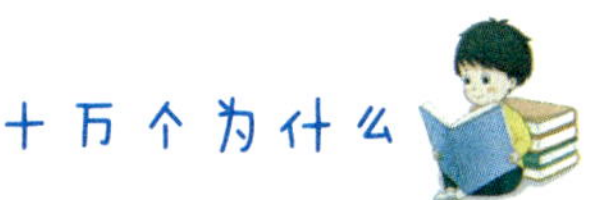

这时，你会产生一个疑问。水要怎么才能吃下去呢？告诉你，水是可以吃的。

在我们吃的食物里，例如肉类、蔬菜、面包，等等，它们含的水分远远多于固体物质。肉类含的水分大约是固体物质的二倍，黄瓜里几乎都是水分。

下面我们再了解一下身体里的水分。我们的身体和黄瓜一样，绝大部分都是水。如果你的体重是 40 千克，那么水分就大约有 35 千克。相对来讲，成人身体内的水分占的要少一些，大约占体重的四分之三。

既然人体内水分所占的比例这么大，那么你也许会问："为什么看不见人身上的水？人站在那，为什么地板上看不见一滴水呢？"

这就是奥妙之处。关键在于物质是怎么构成的。不错，这一点是非常重要的。

如果我们在显微镜下观察一片肉或者一片黄瓜，就会看到很多含有丰富的汁液的细胞，可细胞是封闭状态，很显然，这些汁液并不是从细胞里流出来的。这就是奥秘。

于是我们可以看出，构成人体最主要的物质就是水。我们知道，人不吃东西可以存活很多天，而没有水，却不能坚持那么久。

你们知道水可以把房屋炸毁吗?

一般情况下，可以把水看作是对人类有益的物质。可是，你们知道吗？时常会发生这样令人胆战心惊的事。那就是水能像火药一样发生爆炸，而且其威力是火药无法与之相提并论的。如果你不能很好地

控制水，它可是比火药还要危险二十倍。

有一次，一座五层高的楼被水炸毁，其中有二十三人不幸遇难。

为什么会发生这样的惨剧呢？原来这栋楼里有一个工厂，在楼的底部有一个大锅炉，里面的水量足有一个池塘那么多。锅炉一直在工作，里面的水逐渐沸腾，蒸汽便沿着管道进入蒸汽机。

然而糟糕的是，锅炉工忘记了加水。锅炉里面的水不断沸腾，水变得越来越少。炉火依然在燃烧，炉壁变得通红。可锅炉工并没有意识到此时危险正在一步步逼近。当他把水注入烧得通红的锅炉里，你可以想象一下会发生什么事情？注入锅炉里的水刹那间全部变成了蒸汽。锅炉内无法承受蒸汽带来的巨大压力，所以一下子就爆炸了。

在德国也曾发生过一起严重的爆炸事件。当时，二十二个蒸汽锅同时爆炸。巨大的冲击力把周围的建筑全部炸毁了，甚至在半公里以外的地方都能看见爆炸后蒸汽锅的碎片。

这一件件令人触目惊心的事件足以说明水蒸气是一种非常可怕的东西。

这种蒸汽锅爆炸的事件在我们的身边也随时发生，只不过都是很小的爆炸，所以并不能引起我们的注意。例如，当炉火燃烧的时候，里面的劈柴会在不断地噼啪作响，那是因为劈柴内含有水分。在强大的热量作用下，劈柴里面的水很快就变成了水蒸气，促使木柴的纤维不断爆裂，于是便发出了噼啪的响声。所以说，在你身边至少也有几千个蒸汽锅在爆炸，这并不是危言耸听！

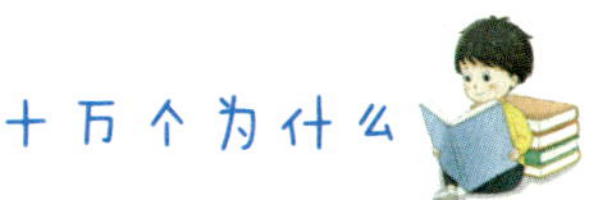

固体的水

固体的水是什么？对，是冰。冰发生爆炸的事件也是有的。

水蒸气爆炸的威力我们已经领教了。可是冰呢？当它发生爆炸时会怎样？冰爆炸时可以摧毁整座山。为什么会有这样大的威力，下面我们来看一看原因。

秋季的时候，会有大量的水渗进岩石的缝隙里。当冬季来临，缝隙里的水都变成了冰。大家都知道，冰所占的体积是比水大。虽然体积增长的不是很多，但是由于岩石的缝隙呈现出各种各样的状态，里面的冰会朝着各个方向挤压，于是，即使是一块坚硬无比的石块也会爆裂开来。

在我们身边可以看到自来水管爆裂，也是这个原因导致的。所以，为了避免水管爆裂，当冬季来临，我们要采取一些必要的防冻措施。可以找一些东西，例如用毯子、棉布等东西把水管包起来。

穿上冰鞋后为什么不能在地板上滑行？

穿上冰鞋可以在冰面上滑行，可为什么在地板上却不行呢？这个问题，我曾经问过一个孩子。

他说：“那是因为冰面又硬又滑，可地板没有那么坚硬，而且也不光滑。”

假如他的答案是对的。可你们知道吗？有一种又硬又滑的石板地，穿着冰鞋在上面仍然不能滑行。

当我们穿着冰鞋踏上冰面，脚下的冰在冰刀的压力下瞬间融化，在冰与冰刀之间出现了水珠。此时的水就如同机器里的润滑剂一样，它可以有效地缓解冰刀与冰之间的摩擦。于是，人就可以在上面自由地滑行了。假如没有这层水来做润滑，那就和在地板上一样了。

雪山上的冰川会滑落下来也是这个原因导致的。在冰的重压之下，下面的雪开始融化，越化越多，冰川就会顺着山势滑落下来。这和你穿着冰鞋在溜冰场上滑行是一样的道理。

世界上有不透明的水和透明的铁吗?

无论是谁，都会认为水是透明的。可实际上，只有很薄很薄的水才可以称得上是透明的。海洋深处漆黑一片，那是因为阳光无法穿透那么深的水。

实际上，并不是只有水才是这样。世界上的任何物质，只要选取其薄薄的一层，你都会发现它是透明的，换成厚厚的便不是透明的。例如，你去观察一块透明无色的玻璃。要是你从它的边缘去观察，你会发现，它不是透明无色的。

再举个例子。不久前，一位科学家制作了一块只有十万分之一毫米厚的铁片。

他发现这块铁片是透明的，如同一块玻璃一样，而且没有颜色。把它放在书上的最小字体上，可以轻而易举地看清楚。

此外，科学家们还用金子和其他金属做成了类似的透明薄片。

二　炉子

人类是从什么时候开始学会取火的?

冬季来临，当你坐在温暖的火炉旁，看着跳动的火苗，听着劈柴噼啪的响声，自然会产生奇妙的想法。也许你会想到在烈火中奋力挣扎的城市和城堡；也许你会想到炮火的轰鸣；也许你会想到蜿蜒的如火舌般顺着城墙奔跑的士兵。

在古代，人们认为火里面居住着火壁虎，它是掌管火的神灵。也有人认为火就是神灵，还建造庙宇来供奉它。在庙宇中点起供奉火神的灯，几百年都未曾熄灭。

点长明灯是世界上最古老的风俗之一。在几万年前，人类还不会取火。事实上，当时的人类不是自己取火，而是去寻觅火源，就像我们现在去寻找宝石一样。的确，当时的火宛如宝石般珍贵。如果火苗熄灭，再想找到火是非常困难的。因为，当时的人类还不会取火。

有时候会看到闪电将树木点燃的情形。烈火如猛兽般扑向树木，火舌张着大口毫不留情地吞噬着树皮，噼噼啪啪地把树枝折断。人们惊慌失措不敢靠近，可又不肯离去。因为在这样寒冷的夜晚，它们感受到了火的温暖，内心感到无比的欢畅。

原始人非常勇猛，他们经常与巨大的猛犸和高大的洞熊进行搏斗，

生存环境锻炼了他们。于是，勇士慢慢地向火苗靠近。

究竟是哪位勇士第一个抓起燃烧的树枝并把它带回家的，我们无法考证。也许这样的勇士不仅一人，因为这样的事会发生在不同的地方。就这样，这些大胆而勇于创新的人拥有了火，就像驯服了野兽一样，一直拥有它。

灯泡是爱迪生发明的，可和那些披着兽皮的原始人的发明相比，灯泡是微不足道的。如果没有火，我们的生活将是什么模样？那将和褐猿或者大猿相差无几。

火光照亮了原始人的洞穴。可我们人类学会取火，却是若干万年之后的事了。

取火技术对于人类的生存至关重要。学会取火，就再也不必担心火种丢失或熄灭。若是风雨将火种熄灭，人们在需要的时候可以随时点燃。

为了纪念那个不会取火的时代，人们在庙宇里点着长明灯。因为他们知道：在那个时代火种是多么弥足珍贵。

我们这个时代还保留着最古老的取火方式，虽然这件事有些不可思议。原始人的取火方式是两根小木棍的相互摩擦，而我们是用一根火柴棍在火柴盒上摩擦。同样是摩擦生火，却有很大的区别。我们点燃一根火柴只是一瞬间的事，可要是将两根木棍摩擦出火花，即使那是两根非常干燥的木棍，也至少需要五分钟，甚至更长的时间。我们每个人都能轻易地将火柴点着，可要是让你按照原始人的方法去取火，你无法保证自己一定会成功。

火柴为什么容易点着呢?

原始时代没有我们这样先进的工具。他们没有锯，也没有刨子，只能寻找尖利的石块或者骨头来代替。石块或者骨头可不是趁手的工具，依靠它们取火也绝不是一件轻松的事。为了让木头发热，原始人必须不断地、长时间地摩擦。这就是摩擦生火。

为了让木头着起火来，首先要让它达到一定的着火点。这就需要不停地将两根小木棍摩擦。而用火柴点火就非常容易了。火柴头是一种特殊的物质做成的，它不需要太热就可以燃烧。

要是火柴头遇到一块很热的铁，比如热的炉门，只要轻轻一触也是可以点燃的。但是如果拿着火柴的另一头去触碰，那是不会点燃的。火柴在火柴盒上一擦就着，所以是不需要摩擦五分钟的。

火柴是什么时候发明出来的?

1933 年，正好是第一家火柴厂诞生一百周年。所以火柴的发明史并不久远。

一百多年前人们是怎样取火呢?当时还没有火柴，人们的衣兜里装着一个小盒子。小盒子里面放着三样东西，分别是:一小块钢铁，一小块石头和一小块像海绵一样的东西。这三样东西分别是什么呢?那块小小的钢铁是火镰，那小块石头是火石，而那个像海绵一样的东西则是火绒。这三样东西就相当于一根火柴。

那么，怎样利用这三样东西取火呢?

你会看见一个穿着入时的胖男人，他嘴里叼着一根长长的烟管。

只见他一只手拿着火镰，另一只手拿着火石和火绒。他用火镰去敲击火石，没有任何反应。他再一次敲击，火镰上出现了火星，他急忙把火绒凑过去，可没有点燃。就这样，他反复敲击了四五次才把火绒点燃了。

这个小盒子相当于一个打火机。打火机里面的那块小石头是火石，那个小小的铁轮就是火镰，而那个饱含着汽油的灯芯就是火绒。

用火镰取火可不是一件简单的事。当欧洲的旅行家想把这个方法告诉格陵兰的因纽特人时，却遭到了他们的拒绝。因为他们认为用火镰取火还不如老办法好。他们宁可像原始人那样用皮带不停地拉转一根竖在干木板上的小木棍，进行摩擦生火。

即使是欧洲人也很想改变用火石和火镰取火的方法。实际上，你可以在市场上看到琳琅满目的取火器材，并且形态各异。

下面介绍几种火柴：有一种火柴，一遇到硫酸就会点燃；有一种带有玻璃头的火柴，使用时需要用钳子把玻璃头夹碎，火柴才能点燃；还有一种由玻璃制成的取火器，这是很复杂的一种。这几种取火器经过实践检验都很不方便，而且价格比较高。

一直到黄磷火柴的出现，这种状况才得到了改善。

黄磷的燃点比较低，只要达到六十摄氏度即可被点燃。和其他材料相比，黄磷是最合适的选择。可要是和我们现在使用的火柴相比，那可就差很多了。

黄磷火柴有两个最致命的缺点：一是它具有毒性；二是它燃点低，容易着火。

要想点燃黄磷火柴，只要在墙上擦一下即可，甚至在靴筒上擦一下也能点燃。只要这种火柴被点燃，就会发生爆炸。小小的火柴头如同一个微型炸弹一样，点燃后破碎的颗粒向四处飞溅。此时，你还会闻到一股难闻气味，那就是二氧化硫。因为这种火柴里面不仅有黄磷，还有硫黄。硫黄燃烧，就会产生二氧化硫。

在六十年前出现了“瑞典火柴”，它也叫“安全火柴”，就是我们现在所使用的这种。这种火柴头里面没有黄磷，被另一种易燃物质代替了。

为什么水无法燃烧?

大多数物质在遇到强热后便会燃烧，少数物质经过加热后也会燃烧，可是有一些物质无论你怎样刺激，它都不会燃烧。

例如水，它在任何条件下都不会燃烧。

你知道这是怎么回事吗?

因为水是通过燃烧得到的，所以它和灰烬不能再燃烧是相同的道理。

那么，需要通过燃烧什么物体来得到水呢?

那就是氢气。就是人们经常用来灌气球和飞艇的那种气体。当然，还有一种气体是氦气，也可以用来灌飞艇。这种氦气没有危险性，因为它不会燃烧。所以在飞行的时候还是比较安全的。

燃烧过后的劈柴到哪里去了?

你将一大捆劈柴抱进来，放在炉子旁边。这是一捆又大又结实的劈柴，还带着自身特有的香气，如同一棵高大的圣诞树一样。

炉子点起火来了。熊熊的火苗不断地燃烧，很快，一大捆劈柴不见了。你能看见的，只是地面上残留的雪迹和炉膛内的灰烬。

那么，一大捆劈柴去了哪里？

当然是烧掉了。

什么是燃烧？

这个问题需要我们细细地推敲。大家都看过蜡烛燃烧，燃烧后蜡烛也消失不见。是蜡烛完全消失，还是变成了你看不见的物质呢？

下面我们通过实验来验证一下。

你拿来一把匙子和一支蜡烛，把蜡烛点燃，然后把匙子罩在火焰上。很快，你会发现匙子上蒙了一层雾，接着雾又变成了小水珠。

这些小水珠来自哪里？很显然，是蜡烛燃烧带来的。除此之外，没有别的可能。

接下来，继续实验。你把匙子擦干，再次放到烛焰上。这时，你会看到匙子上出现了一层烟炱，那是一层细小的炭粒。

炭粒又是来自哪里呢？当然，还是从蜡烛那里来的。

可为什么以前我们没有发现呢？

这个道理其实很简单。当身处一间房子里的时候，我们是看不到房梁或者钉子的。但如果发生了一场意外的火灾，房梁、钉子和砖头才会出现在眼前。

蜡烛燃烧也是相同的道理，只有在把蜡烛点燃之后才会看到。蜡

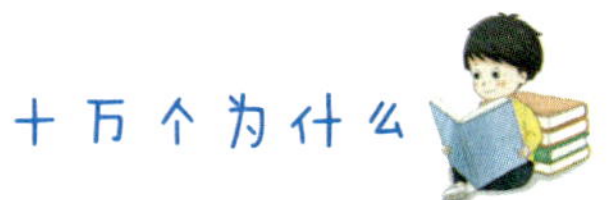

烛燃烧后，变成了水和炭。可水和炭又去了哪里呢？水变成了水蒸气，飞向四面八方。我们从匙子上看到的水滴就是水蒸气凝结而成的。

炭又去了哪里呢？

我们看到蜡烛燃烧时产生的烟，那是炭以烟炱微小的炭粒的形式飞散开去，落到了天花板上、墙壁上以及各种物体上。

我们能看到烟，说明蜡烛燃烧得不够好。如果燃烧得好，是不会有烟的，因为炭也得到了充分的燃烧。

那么，到底什么是燃烧？这还需要我们从头研究。

炭燃烧之后只有两个可能：不是完全消失了，就是变成了另一种物质。只是我们很难看到而已。

下面我们继续做个实验，看看能否把这个隐形的物质找到。

这需要我们准备一支小小的蜡烛、两个空瓶子，还有石灰水。

石灰水我们要事先准备好。先取一些少量的生石灰，倒入水中，然后慢慢地搅拌至均匀，再拿一张吸墨水纸进行过滤。可以多过滤几次，直到石灰水变得完全透明为止。

下面开始实验。首先在蜡烛上插一根铅丝，再往瓶子里倒入一些石灰水。

接下来把蜡烛点燃，慢慢地放进空的瓶子里。蜡烛燃烧一会儿之后，就熄灭了。把蜡烛拿出来点燃，再放进瓶子里。这一次，蜡烛很快就熄灭了，如同被浸入水里一样。

为什么这一次蜡烛熄灭得这么快呢？可见，瓶子里有一种看不见的物质正在阻止蜡烛燃烧。是什么呢？况且我们看到的瓶子仍然是空的。

实验继续。我们把石灰水倒进这个瓶子里，发现水开始变得浑浊起来，最后成了白色。我们把石灰水倒进另一个空瓶子，却没有看见石灰水发生任何变化，仍然是澄清透明的。

由此可见，蜡烛燃烧过的那个瓶子里有一种气体，正是这种我们看不见的气体让石灰水发生了变化。

经过实验得出结论，炭在燃烧的时候会产生一种气体，科学家把这种气体叫作二氧化碳。

现在我们就可以解释蜡烛燃烧的问题了。蜡烛燃烧后变成了水和炭，水飞散了，而炭经过燃烧则转化成了二氧化碳。

劈柴燃烧也是这个道理。劈柴燃烧后也变成了水和炭。炭继续燃烧，就转变成了气体二氧化碳。二氧化碳与水蒸气同时从烟囱飞到了外面。当你在冬季看到烟囱冒出的滚滚白烟就是水蒸气遇冷而凝结成的小水滴。如果你看到的是黑烟，那是还没有充分燃烧的炭，也就是烟炱。而我们从炉膛里看到的则是没有充分燃烧的炭粒。

当炉火非常旺盛的时候，为什么会呼呼作响？

冬季，炉火旺盛，屋子里很快就变得暖和起来，同时还能听到呼呼的声音，那声音好像乐队里的大喇叭。炉门也在砰砰作响，如同铜铙钹一样。

这呼呼、砰砰的声音是从哪里来的呢？若想让喇叭演奏就要有人去吹它，这个人是谁呢？

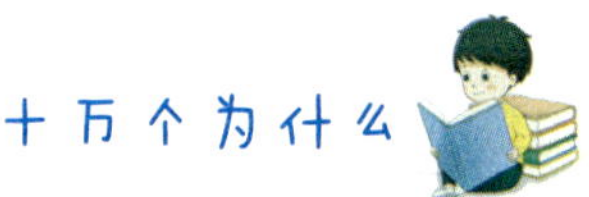

是这样的：当我们把炉子点燃，特别是炉火非常旺盛的时候，炉膛内的空气很快就变热。由于热空气比冷空气轻，因此热空气上升，而屋子里的冷空气会经过炉门填充进来。就这样，冷空气变成热空气上升，冷空气再持续进入，就形成了一股不断循环的气流。

为了证实这一点，我们还可以做一个小实验。你把剪好的几张小纸片摆在一张硬纸板的边缘，然后，把硬纸板凑近炉门的小孔处。此时，你会发现一张张纸片都飞进了炉膛里。

是什么力量使小纸片飞进了炉膛呢？

是空气，也就是屋内的进入炉膛的冷空气。气流把纸片带进炉膛，如同河水把它上面的小木片带走一样。

由此可见，并不是人在吹炉子，而是冷空气自己源源不断地进入炉子里的。

也许你会产生疑问，空气热了之后真的会上升吗？

其实这个现象在我们的生活中是可以看到的。在一个阳光明媚的日子，你把一支点燃的蜡烛放在窗台上。这时，你会看到窗台上有烛焰的影子，而且在影子的上方还有向上流动的空气的影子。火焰也跟着向上伸展，这就是因为热空气向上升，所以火焰也跟着向上去了。

现在你知道为什么炉门上有钻孔了吧？那是给冷空气进入留的通道。为什么需要冷空气呢？那是因为炉子里的劈柴燃烧是需要空气的。

空气是燃烧必备的条件之一。如果没有空气，劈柴在一个密闭的炉子里是无法燃烧的。通风越好，炉火越旺，劈柴燃烧的也就越充分。而当通风不好的时候，劈柴就会燃烧得很慢，很久也感受不到温暖。

那么空气里的什么物质促使可燃物燃烧呢？对此，科学家们进行了仔细的研究。他们发现空气中含有多种气体，氮气和氧气所占的百分比最多，而正是氧气在促使可燃物燃烧。

当劈柴在炉子里面燃烧的时候，我们知道劈柴变成了水和二氧化碳。水是氢和氧发生反应后产生的，而二氧化碳是劈柴中的炭与氧发生反应后形成的。

空气从进入炉门到从烟筒出来，已经发生了改变。此时的空气中氧气由于参加反应而所剩无几，代替它的则是水和二氧化碳。

水为什么能够灭火？

为什么把燃烧的蜡烛浸入到水里，它会熄灭呢？

因为蜡烛燃烧需要的物质是空气，而不是水。所以当蜡烛浸入水中，水将燃烧的蜡烛与空气隔离，蜡烛自然就会熄灭了。这也是水可以灭火的原因。

所以，灭火的方法还有很多，只要将可燃物与空气隔离即可。例如，将可燃物盖上毯子，或者在可燃物上撒上沙子，火都会熄灭的。

三　餐桌和炉灶（1）

厨房实验室

炉内，干燥的松树劈柴在噼啪的节奏下烧得正旺。火红的焰火欢快地跳动着，宛如一位乡村音乐教师正以摇曳的舞姿带动着身边的每一位观众。蓝色的搪瓷茶壶翩翩起舞地把自己的帽子抛向空中，然后又稳稳地接住；平锅兴奋得颤抖不已，跟着节奏咯吱咯吱地哼着小曲；即使是那口平时最严肃的大铜炖锅也放下了高傲的架子，正用力地翻滚着，将自己的汁液溅到了身边那矮小的生铁小锅上。

你可能说这就是厨房交响乐。可在我看来，这里就是一间化学实验室。

在这里，将一种物质转化成另一种物质，这难道不是化学实验室吗？

在这些炖锅、瓦钵和小锅中正发生着许许多多令人费解的事情。

你看，在那只极其普通的瓦钵里有一块面团。很快，它就像拥有了生命一样，在不断地长大，直到高出了瓦钵。

再看炖锅里的那块肉，几个小时之前还是红色。此时，在弥漫的香气下，它已经完全变成了另外一副样子。一根根肉丝连在一起，已经由红色变成了灰色。相信你此时看到它，一定会忍不住流出口水。

那刚才还硬硬的马铃薯哪里去了？眼前你只看到一个软软的、面面的马铃薯。

这一切变化都不是化学家带给我们的，而是那位腰系围裙、卷起衣袖的家庭主妇。此时，她还在灶炉旁忙碌着，她要给自己的家人做一顿香甜美味的饭菜。她哪里会想着摆在眼前的瓦钵和小锅发生怎样的变化呢？

就拿马铃薯来说，家庭主妇知道它是怎样变化的吗？

马铃薯是什么？

首先你得知道马铃薯是什么？你一定会说，难道有人不认识马铃薯吗？可实际上，它到底是什么，还真有人回答不出来。

现在就由你来回答，马铃薯是由什么组成的？

也许你回答不上来，下面我们就来做一个实验。首先把一个生的马铃薯切碎，然后捣成糨糊状，放在一个小罐子里。接下来往里面倒水，用水调匀，再拿来一块纱布进行过滤，最后让液体静置一段时间。

此时，你将看到在罐子的底部会有一层白色的沉淀。

将水完全倒掉，找一张吸墨水纸，把沉淀物平铺在上面，使它尽快干燥。最后你得到的是一种白色的粉末。

你知道这是什么吗？这是淀粉。家庭主妇叫它马铃薯粉。

马铃薯放在那里，为什么我们看不到淀粉呢？因为它藏在一个“小型储藏室”，也就是它的细胞里。

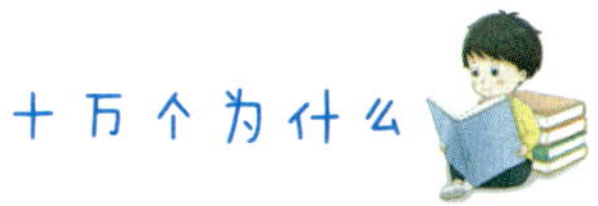

我们为什么不会吃生的马铃薯?

要想获取马铃薯里的淀粉可不是那么容易的，这需要用擦菜板等物品把马铃薯弄碎。我们的胃却没有和擦菜板类似的功能，所以，胃很难胜任这份工作。这也就是没有人生吃马铃薯的原因。

马铃薯煮熟之后，细胞壁因为受热而破裂，水分进入了淀粉的颗粒中。于是，淀粉颗粒不断膨胀，最后变得很柔软。

我们看到的马铃薯都是干的，即使是放在水里煮熟的马铃薯也是这样。这都是由于淀粉颗粒把所有的水分都吸收进去了。

为什么煮熟的马铃薯没有硬皮，而烤熟的却有呢?

马铃薯被烘烤的时候，受到了强热，在它表层的淀粉很快就变成了糊精。一颗颗的淀粉颗粒粘在一起，就胶结成一层红色的硬皮。

糊精的应用很广泛，其中用糊精制成的胶我们早就见过。当我们贴邮票和标签的时候用的就是这种胶，只是我们不清楚它的来历罢了。

被浆过的衣服为什么是硬的?

如果你把被浆过的衣服用熨斗熨烫一下，在衣服的表面立刻会生

出一层硬皮，就和马铃薯表面的硬皮很相似。道理都是一样的，是淀粉在强热下变成了糊精。浆过的衣服领子经过熨烫是令人感觉最硬的地方，人们常常因此而被刮破了脖子。

为什么面包上有一层硬皮?

制作面包需要面粉，虽然面粉不是马铃薯粉，可面粉中也含有淀粉。于是，面包经过烘烤，在它的表面也有一层很好吃的硬皮。

也许你会产生质疑，面粉中真的含有淀粉吗？是不是我在哄骗你们？没关系，只要你做个实验就能解决你心中的疑问。

先找来一块干净的布，然后把一块生面团包在里面。打来一碗水，把面团放进去，在水中进行淘洗，可以不断地揉搓。

过一会儿，你会发现水变白了，就像牛奶一样。你不要再动，让它安静地待一会儿。接下来你会看到在碗底有一层白色沉淀，就和我们在马铃薯实验中看到的一样。

至此，你一定会相信我的话了吧？面粉里面的确含有淀粉。

为什么陈面包会变得发硬?

准备一小袋面粉，把它拿到水龙头下不断地冲洗，直到把所有的淀粉都冲完为止。再看看袋子，里面还剩下一团黏黏的、还十分柔软的东西。这是什么？这是面筋。

面筋有一个与众不同之处，要是把它放置两三个小时，它就会变得又硬又脆，就像玻璃一样。根据这一特点，面筋也是很好辨认的。

陈面包会变硬就是因为它里面的面筋变得硬而脆了。

为什么面团里边放上酵母就会发起来?

你们都知道气球里面吹进空气就会变得鼓起来，这是相同的道理。不同的是在面团里的不是空气，而是二氧化碳。

当你下次做面包发面团的时候，留一小块面团，把它放在一个罐子里，再把这个罐子密封好。第二天，你把罐子打开，随即点一根火柴放在里面。你会发现火柴立刻就熄灭了。这是为什么？因为小罐子里面已经有了很多的二氧化碳。

发面的时候你往面粉里放进一些酵母，面团里会出现很多小气泡，这就是二氧化碳。正是二氧化碳促使面团隆起，高得像一座小山一样。

可是，这些二氧化碳是从哪里来的呢？

它们来自酵母，来自酵母菌。每一个酵母菌都是一个制造二氧化碳的小化工厂。

面包里的小孔是怎么形成的呢?

当把面团放进锅里的时候，面筋因为受热就会变得又干又松。控制二氧化碳的那些小口袋发生破裂，二氧化碳就会乘机跑出来。面包里的小孔就是二氧化碳所占据的空间，它们离开后就剩下了一个个的小孔。所以，面包会有很多孔，吃起来也是软软的。

面包的化学史

下面我们就来讲一讲和面包有关的化学史。你会发现这些都是发生在我们身边的那些熟悉而简单的事。

家庭主妇要烘烤面包了。她在一个较大的钵中倒上水，再倒入一些酵母、盐和面粉。接着，她把自己的袖子挽好，就开始揉面了。一颗颗面粉在面筋的作用下粘在一起，变成一个柔软的面团。这时，家庭主妇就要把钵盖好，然后放到一个温暖的地方。

你知道面团里发生了怎样的变化吗？现在是酵母活跃的时刻。酵母在面团里开始了它的本职工作——制造二氧化碳。如果不约束二氧化碳，它可是非常活跃的，它会离开面团，分散开去。可是，面团里有面筋，面筋具有相当大的柔韧性。无论二氧化碳怎么努力，也逃不出面筋那柔韧的口袋。

面团在不断地长大，如同活了一样。它已经高出了钵体，想要从里面爬出去。

很快，面团被做成了面包的形状，它进入了烤箱。在那里，它将发生更大的改变。

首先受热的是面包的表层。我们已经知道：最外层的淀粉在强热下变成了糊精，于是面包外面有一层硬皮。在面包里层的淀粉受热后不断地膨胀、变大，和被煮熟的马铃薯一样，感觉非常柔软。

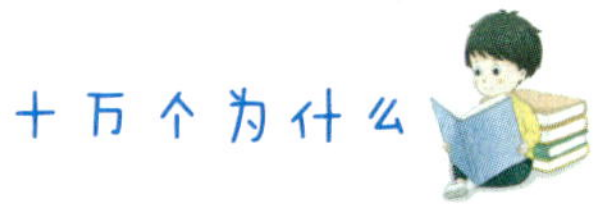

面筋在受热后变得越来越干，最终破裂开了，二氧化碳终于可以跑了出来。此时，你能闻到一股新烘焙好的面包香味。

为什么啤酒会嗞嗞作响，并且冒出泡沫?

关于啤酒你了解多少呢？它又是怎样制成的？

制作啤酒的主要原料是小麦芽和大麦芽。首先把带有甜味的小麦芽和大麦芽放进水中，加入酵母。酵母可不是一个偷懒的家伙，它立刻进行工作，从麦粒中制造出二氧化碳。

啤酒中升起了小小的气泡，泡沫已经从瓶颈流了出来，这就是二氧化碳的小气泡。

汤是什么东西?

多数人都认为肉汤是一种营养成分很高的食物。你和他们的想法是否一样呢？如果一样，那你就错了。其实，肉汤里面所含的营养物质和清水相差无几。

这样说吧，在一盆肉汤中，只有一匙是营养物质，而绝大部分都是水。

要是你把这一盆肉汤放在炉灶上煮，直到把肉汤熬干，你会发现此时的锅底也几乎不剩什么东西了。

要是你把这一盆肉汤拿到实验室去做研究，还真会有意外的发现。

原来，这肉汤中除了水之外，还有约占四分之一匙的脂肪，四分之一匙的胶质。此外，还有一些少量的盐。这些盐不仅仅包括我们加的食盐，还包括其他一些盐类，即“味质”。

什么是“味质”？就是肉里面所具有的，能使肉发出肉味的那一部分物质。当我们把肉一放进水里面煮，它就会溶在水中。

其实，不仅仅肉汤是这样，在我们吃的所有食物中水分的含量都是非常高的，只是我们没有看到。

蔬菜中所含有的水分更是我们所没有料到的。如果把它里面的水分都蒸发掉，例如晒干，它就会变得非常轻，好像绒毛一样。每一千克的肉中大约含有七百克的水，马铃薯中所含有的水分也是这么多的。

我们为什么要吃肉?

首先我们来分析一下肉的成分。肉和肉汤一样，里面不仅有水，也有盐和味质。除了这些之外，还含有一种与众不同的物质，那就是蛋白质。蛋白质在肉汤里的含量是非常少的，几乎看不见。

当我们煮肉的时候，会看见一团团好似棉絮一样的东西漂浮在水面上。这是蛋白质凝结的现象。我们习惯用勺子把这些泡沫清出去，使汤变得澄清一些，感觉这样很干净。其实，这样做是错的。蛋白质可是非常有营养的物质。

我们身上的肌肉和牛肉一样，几乎全部都是由水和蛋白质组成的。所以，要是没有蛋白质，我们就无法生存。蛋白质相当于我们人体所需要的最主要的建筑材料。如果我们每天摄取的食物中只含有脂肪、

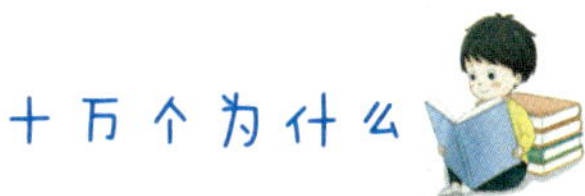

淀粉和糖分，而没有蛋白质，那么我们身体的这座大厦会有崩塌的那一天。

可是，如果你每天只吃含有蛋白质的肉类，则需要两三千克的肉。蛋白质是有了，可你的胃呢？胃的负担会加重，它会吃不消的。

我们的身体就是一部复杂的机器，它既需要脂肪，又需要碳水化合物，同时还需要蛋白质。这些营养为我们的身体提供能源，我们身体的这部机器才能够正常运转。同时，我们身体的这座大厦也能够有结实的建筑材料，不会有倒塌的危险。

人造食物

什么是人造食物？人造面包、人造牛奶、人造肉等都是人造食物。

每个人一天需要多少蛋白质、脂肪、碳水化合物和盐类，我们能够计算出来。于是，人们想出了采用人造食物的方法来满足人体的需要。

人造牛奶是五十年前俄罗斯科学家路宁研制出来的。他认真研究了真牛奶中各种成分的含量，然后将同样分量的脂肪、蛋白质、水和盐类混合起来。这样得到的牛奶无论在外表还是在口感上与真牛奶都没有什么分别。

为了进一步检验人造牛奶，路宁把人造牛奶给老鼠喝，结果令人很吃惊。只喂人造牛奶的老鼠全部死掉，而喝真牛奶的老鼠依然活蹦乱跳。

这个实验证明，人造牛奶虽然含有脂肪、碳水化合物、蛋白质和盐类，可它还缺少一种真牛奶中特有的物质，这种物质是非常重要的。

路宁千方百计想通过化学实验来找到这种物质，可是一无所获。实验证明这种成分在牛奶中的含量是非常少的。

其他国家的科学家也做过很多实验。他们制造了各种各样的人造食物，然后喂给动物吃。可是，所有的实验结果都是一样的，吃人造食物的动物都死掉了。可见，人造食物中缺少某种物质，这种物质对于生命却极其重要。

这些实验给我们人类敲响了警钟。人类也会因为食物中缺少某种物质而死亡。这些特殊的物质是我们生存的必要条件。

例如，人们会因为长期缺少新鲜的蔬菜和水果而生病，甚至死亡。这些道理，在很早以前人们就已经知道了。

下面我们看看发生在远征途中的故事。

漫长的海外航行造成食物的缺乏，海员们只能吃一些腌牛肉和干面包。长期吃不到新鲜的蔬菜和水果使他们得了维生素 C 缺乏病。因此，夺去他们生命的既不是风暴，也不是海盗，而是这可怕的维生素 C 缺乏病。

著名的航海家瓦斯科·达·伽马率领的探险队共一百六十人，却有一百人死于维生素 C 缺乏病。这几乎使他的航行终止。

航海家库克带领探险队去周游世界的时候，在每次登岸时都会将蔬菜水果储备充足。葱、甘蓝、橘子和柠檬，都是必备的蔬果。这些蔬果在他的航海事业中立下了汗马功劳。

由此可见，蔬菜和水果中也含有某种人体必需的物质。

当我们面对一种未知的事物，甚至还不知道它名字的时候，我们感到很茫然。可是，当我们能够为这种奇妙的、一无所知的事物起名字的时候，就已经走向了成功。当科学家能够发现新鲜的牛奶和蔬果对人体有益的时候，事情才刚刚开始。

可是，当一位科学家把这种未知的事物起名为“维生素”的时候，研究的进程就向前走了一大步。

于是，全世界的科学家都沸腾了，纷纷投入实验之中。他们一共做了几万个实验。到目前为止，已经发现了多种维生素。

其中一种维生素可以帮助我们生长；另一种维生素能够让我们不得佝偻病；第三种维生素可以让我们不得维生素 C 缺乏病。

鱼肝油里含有大量的维生素。每当你喝鱼肝油的时候，你要想到鱼肝油能够使你的骨骼更加结实，也可以使你的肌肉更加健壮。

每当你喝牛奶的时候，你要想到牛奶里的维生素可以使你生长得更快。

而橘子或苹果里含有的维生素则能有效防止维生素 C 缺乏病的产生，并能避免精神萎靡和身体虚弱。

如今，越来越多的人都对维生素给予了较多的关注。这不仅包括那些科学家，还包括致力于保健工作的普通群众。

从科学家绘制出的维生素表格中，我们可以清楚地看到各种食物中维生素的含量。其中甘蓝里所含有的维生素要比莴苣里的高出好几倍，而牛奶中所含有的维生素却要比奶油里的少很多。

人们已经懂得维生素的重要性，于是，科学家们开始研究人造维生素。如今，研究出的人造维生素已经有好几个品种。其中有一种人工制成的维生素，其一克的含量就可以抵得上半吨的鱼肝油。而且这种人工制成的维生素要比天然维生素好很多，因为它即使是在受热和被煮熟的情况下，也不会遭到损害。

我相信，在不远的将来，一定会有人建造出人造食物工厂，就和我们现在的人造丝工厂或者人造橡胶工厂一样。

当你在饭馆里吃饭的时候，你很有可能点的就是一盘来自实验室的肉类，你喝的牛奶也很可能是人造牛奶。

当然，人造食品的样子也许并不能以假乱真，可是，它们是经过科学家认真研究的、含有人体所需的各种营养物质。所以，是有很大营养价值的。

不仅如此，人造食品上还会贴着让人一目了然的标签。上面清楚地写着每克食物中含有多少蛋白质、脂肪、碳水化合物、盐类、维生素，以及多少味质。此时，你一定会放心地一笑。因为对于自己现在要吃什么，以及各种营养物质的含量你是了如指掌的。

盛在瓶子里的美食

你知道在这个世界上什么食物最美妙吗？那就是动物妈妈喂给自己孩子的乳汁。

在乳汁的哺育下，动物们的肌肉、皮肤、毛发、骨骼、甲爪和牙齿都越来越结实、完善。幼小柔弱的幼狮能够长成一头威武健壮的雄狮，它们的吼声足以地动山摇。你看那巨大的鲸鱼和小小的豚鼠一样，都是吃妈妈的乳汁长大的。

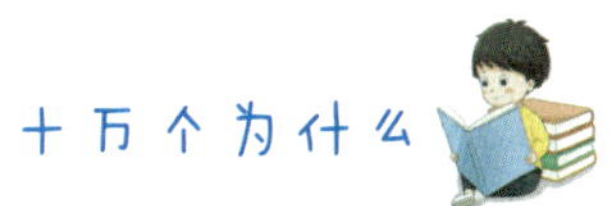

乳汁里面到底有什么营养物质呢？它含有幼崽所需要的水、脂肪、糖分、蛋白质、盐类，还有维生素。

在乳汁上漂浮着一层脂肪，形成了许许多多的脂肪滴。脂肪比水轻，所以它轻轻地漂浮在水面上。这时，你会看到一层乳脂。乳脂经过搅拌，就能得到奶油。

脂肪滴在搅动作用下凝结在一起，并且和水分离。利用这个办法，我们可以自制奶油。只要把乳脂装在一个密闭的瓶子里摇动一会儿就可以了。

四　餐桌和炉灶（2）

奶为什么会变酸?

一般情况下，只要把奶放上一两天就会变酸。也许更快，只需要几秒的时间就可以变酸，从而变成凝乳。

若想把凝乳分离出来是很简单的事，只要在奶里加入少量的醋就可以。

凝乳就是酪素，是一种乳蛋白质。当它溶解在奶里的时候，和糖溶解在水里是一样的。要想把奶里的酪素分离出来，只要加入一些酸性物质，酪素就会带着脂肪乖乖地分离出来。

可是，在我们谁也没有往牛奶里加入酸性物质的时候，奶会变酸，这是怎么回事呢?

搞破坏的就是一种和酵母菌类似的细菌，它主要存在于空气中。当有机可乘的时候，它会毫不犹豫地进入牛奶中，把牛奶里面的乳糖变成乳酸。牛奶中有了酸的存在，很快就会凝结。

当然，我们也有不让牛奶变酸的办法。只要把牛奶煮沸，细菌就会全部被杀死。要是在煮牛奶的时候，你发现牛奶有凝结的现象，这是因为它里面的细菌已经发生了作用，早已经制成了酸。

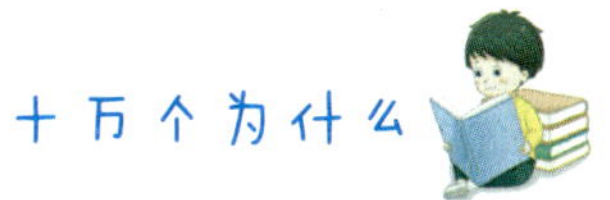

干酪里的小孔是从哪里来的?

如果把凝乳长时间放在地窖里，细菌就会持续不停地工作，最后把凝乳变成干酪。干酪里的小孔与面包里的小孔是一样的，它们都是二氧化碳的杰作。

那么，二氧化碳的碳酸气是从哪里来的呢?

当然也是由细菌制造出来的。

为什么干酪经过很长时间也不会变坏?

因为在干酪的表面有一层保护皮，它可以保存干酪内的水分，还可以阻止细菌的侵入。

传说在瑞士有一种风俗：在孩子刚出生的那天，就做一大块干酪，把孩子的姓名和出生日期写在上面。每到生日的这一天，都要把干酪放在餐桌上，年年如此。于是，从孩子摇篮时起到进入坟墓止，这块干酪会一直陪伴着主人，直到主人去世。之后，这块干酪就留给自己的孩子。

瑞士曾经有一则关于干酪的报道：这块干酪已经一百二十岁，而且味道依然很好。它的“祖父”在不久前刚刚被切开吃掉。

古代的人都吃什么东西?

在古代，人们还不懂耕种的技术，只能依靠肉类来维持生活。这不仅包括打猎获得的野兽和鸟类，还有在战争中抓来的俘虏。

传说在一百多年前，就有这样一个部落。当他们和敌人激烈搏斗的时候，敌人的嘴里却大喊着："肉来了！肉来了！"当即将失败的一方听到这令人毛骨悚然的叫喊时，心里真是万分恐惧。

一个最早移居到北美洲的人回忆说："印第安猎人在第一次看到白种人的庄稼地时感到十分震惊。有一个部落的首领也曾对他的同伴说：'我们为什么不如白种人，那是因为我们吃的是肉，而他们吃的是谷子。肉是很难得到的，甚至需要几年的时间才能够长成，而白种人只需要把谷粒种在地里，仅仅几个月便能够收获几百粒谷子。我们吃的肉长着四条腿，还能到处乱跑躲避我们的追捕。当冬季来临，我们在寒冷中需要奔跑一整天。而那些白种人过的是舒服的日子，他们把种子撒在哪里，哪里就能长出谷子。当我们在树林里挨饿受冻的时候，他们却待在温暖的家中。你们要是相信我的话，我就敢断言：当我们门前的那棵树枯死之前，吃谷子的白种人一定会将我们这些吃肉的打败。'"

至于是谁在地里撒下第一颗谷粒的，我们无从知晓。只是在古埃及的金字塔里，我们已经看到了人用石头舂谷粒的图画。

最早的面包是把谷粒压碎，再用水调和成一团面糊。这可以说是面包的老祖宗，可它的确不是我们心目中面包的形象。当面糊干了的

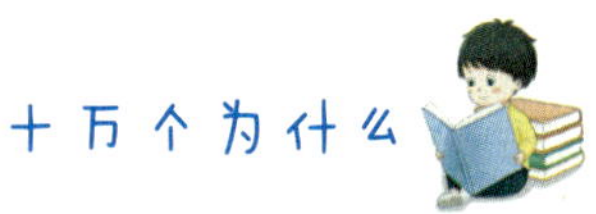

时候，古代的人便把它称之为面包，然后他们便会津津有味地吃起来。

现代的东方人在制作玉米饼时依然不加酵母，而且还没有发酵的面团。这样做成的面糊常常会发酸，却也因此而变得更加松软。于是，后来有人把酸面糊和新磨制的面粉混合在一起。就这样，面包诞生了。

为什么面糊会变酸?

这是因为面糊里含有空气中的酵母菌和乳酸菌。

其实，在空气中飘浮着各种各样的我们肉眼看不见的细菌，其中就有酵母菌和乳酸菌。如今，有的面包师仍然不使用酵母而是加一块酸面团面肥的。

人类学会如何耕地、如何烘烤面包，也经过了相当漫长的一个时期。如今，两百年前比较富有的家庭吃的面包，现在已经无人问津，更谈不到吃了。即使是现在我们吃的最普通的马铃薯，当时的富人也是没有吃过的。

马铃薯最早产自遥远的南美洲，在欧洲出现的历史并不长。在十六世纪的时候，马铃薯和一些稀奇古怪的东西被一起带到了欧洲。田垄并不是马铃薯最早的家，人们是把它种在花盆里作为珍稀植物来观赏的。

一直到十八世纪末的时候，马铃薯仍然被视为非常稀有的物种。马铃薯花被佩戴在法国王后的胸襟上，而煮马铃薯这道美味每天只有在法国国王的餐桌上才可以看到。可见，在当时，马铃薯是一种多么令百姓望尘莫及的食物啊！

而如今，马铃薯已经在欧洲安家落户，它已经不再是令人感到稀奇的东西。

我们喝咖啡和茶有多长时间了？

“伏特加酒和啤酒在饭前喝，蜂蜜则在饭后喝。”这是十七世纪的时候，旅行家肯普弗在莫斯科写下的一句话。可是关于那个时期的有关咖啡和茶的事情我们却没有听说过。这说明那个时期咖啡和茶还没有出现，更别说炊壶了。

1610 年，茶才进入欧洲。这是荷兰商人从遥远的爪哇岛运过来的。商人们对于自己的货物总是要炫耀一番，于是，他们把茶叶称为“神灵草”，还宣扬无论是白天还是夜晚，都要坚持喝茶，每天要喝四五十杯对于人体最有益处。甚至荷兰的医生还用茶叶来代替所有的药物去给人治病。

其实，茶是由茶树的叶子制成的，它并不属于草类，也不能代替药物，而且喝浓茶对于身体健康是有害的。

当时，茶是很昂贵的，只有有钱人才喝得起。

在茶之后出现了咖啡。去过土耳其和埃及的法国商人曾说过，他们见过一种奇异的树木，这种树的种子能制成一种特殊的饮料。喝完这种饮料可以令人忘记烦恼、变得更加强壮、可以健胃，还可以用它代替葡萄酒来饮用。他们还说这种饮料的名字好像是叫“考瓦”，或者叫“咖发”。

很快，喝咖啡便在全国范围内蔚然成风。首先，咖啡出现在法国

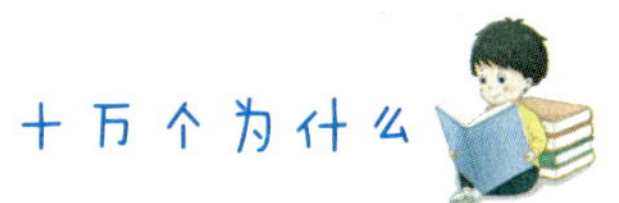

国王的宴会席上，接着公爵、伯爵、子爵，还有一些有爵位的贵族之后和没有爵位的贵族也纷纷来效仿。最后，商人、医生和律师也加入了喝咖啡的行列。大大小小的咖啡馆相继问世，人们经常出入那里，咖啡馆成为他们消磨时光的场所。在当时，只要是在宫廷里流行的东西，很快也会风靡全国。

不过，咖啡的流行也并不是一帆风顺的。其中有些人就认为天主教徒不应该喝土耳其人的咖啡。还有一些人说柯尔培尔大臣就是因为喝咖啡才把胃烧伤了，而且还提出了相关的理论依据。甚至有些人还认为咖啡会缩短人的寿命，能引起肠绞痛、胃溃疡，并令人情绪不佳。

还有一位公主把咖啡称为“烟炱水”。她郑重其事地声明自己绝不会喝这种“烟炱水”。与其喝这种海外来的饮料，还不如喝陈年的好啤酒。

我们可以准确地告诉大家：在1665年的时候，茶和咖啡在我们这里第一次出现。塞缪尔·柯林斯医生曾给沙皇阿列克赛·米哈伊洛维奇开了一张药方。上面是这样写的：波斯人和土耳其人在饭后经常饮用的饮料是咖啡，而用来治疗感冒和头痛的良药是茶叶。

巧克力的出现引起了人们更多的质疑，其程度远远超过了咖啡。

他们认为巧克力能引起维生素C缺乏病，甚至有生命危险。因此，人不能吃巧克力，只能用来喂猪。

其实，最早的巧克力和我们现在吃的巧克力并不一样。我们现在吃的巧克力是把可可豆磨碎，与糖、香草以及其他香料混合在一起，再经过压榨制成的。当时，著名的旅行家科尔特斯从墨西哥带回来的巧克力是用可可、玉米面和胡椒混合在一起制成的，里面没有一点儿糖分。也难怪会那么难吃呢！

这些关于茶、咖啡和巧克力的争论，究竟孰是孰非呢？关于茶和咖啡，它们的确是对人的心脏和神经有害，而且，所含的营养物质也非常少。

而可可和巧克力则含有大量的蛋白质和脂肪，特别是巧克力。许多去北极地区探险的旅行家会随身携带很多巧克力，以备不时之需。

可可的营养不及巧克力丰富，脂肪的含量要比巧克力少很多。制作时需要先将可可豆磨碎，然后炒热，再把脂肪从粉里压榨出去。

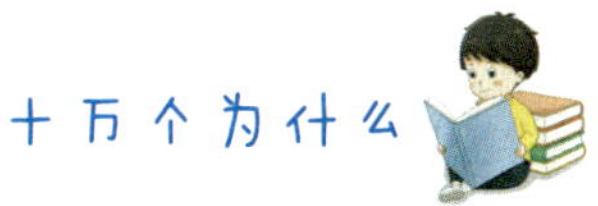

五 厨房锅架（1）

七种东西七个谜

我们已经从水槽聊到炉子、又从炉子聊到了餐桌，对于这些，你感到厌烦了吗？如果没有，下面我们就向下一站前进，去认识厨房锅架。

虽然我们的旅行是在小小的室内，可我们进入厨房后也要先认真地观察一下周围的环境。我们把看到的记在旅行日志上：两口铜炖锅、一只糖罐、一只瓦罐、一把马口铁茶壶、一口小饭锅，还有一口大白炖锅，这就是厨房锅架上所摆放的全部东西。

这七种东西就是七个谜。

你也许会很惊讶，难道连炖锅、瓦罐也是谜吗？

是的，就拿这两口铜炖锅来说吧。虽然说它们都是铜制作而成的，可一口是红色的，一口却是黄色的，而它们的内壁却都是白色的。它们是不是仅仅在颜色上有不同呢？你是不是会认为铜有红、黄、白三种颜色呢？

再如，如果这两口锅的内壁和锅底的厚度都是一样的，那么大炖锅会比小炖锅轻吗？你当然回答：不会的。可是，如果你把那口比铜炖锅大很多的白炖锅放在手里掂一下，你会发现它会比铜炖锅轻很多。大锅为什么会比小锅轻呢？因为它们的制作材料不同。白炖锅是用一种非常轻的金属铝制成的。

放在炖锅旁边的是瓦罐。你别看瓦罐模样长得丑，它和炖锅可是有一定的血缘关系。

为什么说它们有血缘关系呢？

茶壶和糖罐又有怎样的关系？首先从制作材料来说，它们都是由马口铁皮制成的。马口铁皮又是什么东西？它和铁又有什么不同呢？

再看一看那口小饭锅，你能轻松地就将它打碎吗？你一定回答：那是不可能的。因为你知道，铁不是玻璃，它可没有那么脆弱。实际上，你的想法是错误的。只要我们用锤子使劲地敲打一下，它就会碎掉。

此时，你的脑海中是不是产生了很多的谜团呢？就像我们上面提到的七种东西，它们为什么不用相同的材料来制造？

当然，这也不是绝对的，有时也是可以选用相同的材料。例如，可以用生铁制造小饭锅，也可以用铜制造。茶壶有铜的，也有马口铁的。可是，拨火棍却不用生铁或者马口铁制造，这是为什么？因为马口铁制成的拨火棍很容易弯曲，而生铁制成的拨火棍一碰到炉壁就会折断。因此，这两种材料都不适合。

所以，我们在选择制造材料的时候，一定要考虑到材料本身所具有的特点。有的材料怕酸、有的材料怕水、有的材料怕碎，需要你格外小心才行。还有的材料比较结实，不怕击打，也不怕震动。

在你想制造一种东西之前，一定要先想到这种东西的作用，你要在什么条件下使用它：是非常安全的环境，是要不断接受撞击的环境，

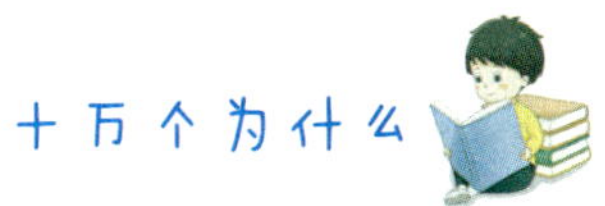

还是需要接触酸或者水的环境。这些你都要做好充分的调查与准备，选择坚固耐用的材料。

什么样的材料最坚固又最不坚固?

铁是我们都公认的一种坚固的材料，在建造桥梁和车站时都要使用铁。可是，这并不说明铁就是一种最完美的建筑材料，它也有自己的弱点。

铁路桥梁对于成百节沉重的车厢都无所畏惧，可是，对于潮湿和雨雾它们却无可奈何。当空气中湿度大的时候，铁就会生锈，严重影响它的使用寿命。

为什么我们看不到古代的铁制品，这就是一个很重要的原因。在埃及法老的坟墓里，我们能找到一个金戒指或者金手镯，可是却找不到任何一个铁制品，即使是一把在当时非常普遍的镰刀也不会看见。几百年之后，当未来的科学家想要寻找我们的钢铁建筑物遗址时，恐怕连蛛丝马迹也找不到。因为，和铁有关的一切物品都变成了锈。

面对这种可怕的现象，有没有什么办法可以阻止它继续发生呢?

铁为什么会生锈?

当我们清洗过刀和餐叉，如果你不用毛巾擦干，会产生怎样的变化呢?当然会生锈。这是每一个家庭主妇都知道的事。

由此证明，潮湿可使铁器生锈。

有一次，潜水员在海底与一艘舰船不期而遇，它是一百五十年前沉入海底的。他们在舰船上找到了几颗早已破烂不堪的炮弹，其腐烂程度只需用刀子轻轻就能划开。你们看，这都是铁在水的作用下造成的。

怎样才能使铁避免潮湿，让它始终保持干燥呢？

虽然我们是这么想的，但这也是不符合实际的。有些物品就是用来盛放水的，例如茶壶、浴盆和水桶。如果不沾水，还有什么价值呢？而且要使铁做的屋顶避免受潮就更加困难了。当遭遇到雨雪天气，你不可能将屋顶遮盖上或者将屋顶擦干。

你们知道吗？空气中存在着一定的湿气。所以，即使是在你感觉特别干燥的天气，铁也还会生锈的。空气能吸收来自四面八方的水分，例如你刚刚晾晒的衣服；你刚刚拖过的地面；还有雨后的积水……空气虽然能将所有物体吹干，却无法令自己变得干燥。

当然，人们也研究出了防止铁生锈的办法。那就是在铁的表面涂上一层液体油，例如葵花子油。这样，油能把铁和水分隔开，不至于把湿气传递给铁，铁也就不会生锈。

但是，人们都不使用油，而是采用一种更好的办法，那就是使用油漆。将颜料调和在干性油里就制成了油漆。干性油是熬过的油，它比生油干燥得快。当把油漆涂在铁的表面，干了之后就会变硬。这层硬硬的膜能更加持久地保护铁，所以油漆相对来说比较结实耐用。

涂油漆这一方法用在屋顶上和水桶上效果都非常好，但是用在茶壶上就不太适合。因为烧开水时达到一定的温度会使油漆很快脱落。

为什么马口铁生锈没有普通的铁生锈快?

大家都知道巧克力的外面包着一层锡箔，这样它就不容易受潮，也就不会轻易坏掉。这一点马口铁和巧克力是相同的。在马口铁的表面也镀上一层锡，这层锡可以保护铁不生锈。于是，结实耐用，精致美观的马口铁就诞生了。可以用它来制作糖罐、食品罐头和便宜的茶壶等。

其实对于铁的损害不仅仅来自水，酸对于铁的侵蚀性比水还要厉害。锡能很好地解决这个令人烦恼的问题。锡不仅能保护铁不受潮湿，还可以防酸。

也许你有过这样的经历，当你用刀子切柠檬后，在刀子上就会看到一层褐色锈斑。这层褐色的锈斑就是酸性物质对铁的腐蚀造成的，而锡则不会轻易被腐蚀。只有当锡遭遇到特别强烈的酸时才会被腐蚀。

如果你观察装过酸性糖渍水果的罐头，是很难发现生锈现象的。当然，只有在马口铁被刮伤的地方才会出现锈斑。可见，在铁皮上镀锡是一种非常好的办法。可是，这仅仅限于比较小型的物体表面。要是在房顶上的铁皮镀锡那就是相当大的一笔开销了，谁也不会这么做的。

难道没有办法来阻止房顶铁皮生锈吗？当然不是。人们选用一种比镀锡还便宜的金属来镀，那就是锌。用锌镀过的铁皮比镀锡铁皮还坚固耐用。这可真是物美价廉啊！

此时，你也许会问，既然镀锌铁皮优点这么多，为什么不用在食品罐头或者炖锅、饭锅、糖罐上呢？

这是有一定道理的。锌也有自己的特点：它不怕水，但是怕酸。当遇到即使是非常弱性的酸时，也很容易被腐蚀。

在我们所吃的食物中，多数都含有弱酸。例如，酸模草、苹果等等。当锌遇到酸，会生成一种叫作锌盐的物质。锌盐具有很强的毒性，所以，我们都不使用锌制成的器皿来盛放食物。因为这样太危险，对我们的身体会有一个很大的伤害。可是，如果在水桶或者浴盆的表面镀锌就是一个很好的选择。给铁镀锡或者镀锌虽然起到很好的保护作用，可并不是一劳永逸的。我们还需要对铁进行特别的关照，定期检查，并隔一段时间就要油漆一遍房顶，发现有生锈的地方及时进行更换。我们人类要关心铁，珍惜铁，把它当作生物一样来对待，不让它生病——生锈。

铁器是用什么做成的？

你一定毫不迟疑地说，当然是用铁做成的。要是你这么想，那可就错了。例如，我们所熟悉的餐叉、钉子、马蹄铁、拨火棍，你认为是铁制成的，可实际上不是这样。

这么说吧，它们都不是用纯铁制成的，而是在铁中加入了碳或者与别种物质混合而成。

纯铁中不含任何杂质，价格非常昂贵。要是用纯铁制成一根拨火棍，其价格也是不菲的，而且，用起来还不如普通的铁制成的拨火棍好用。因为纯铁是非常柔软的，当你用纯铁制成的拨火棍去接触炉子，很快它就会变得弯曲。纯铁的钉子无法钉入墙壁中去，纯铁的刀子也

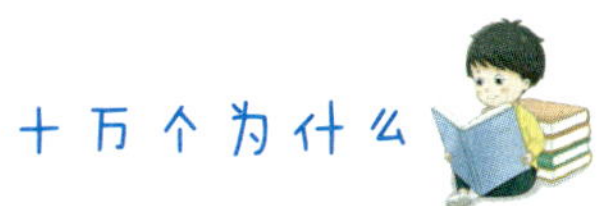

不能切开硬一点儿的东西，只能用来裁纸。

由于纯铁具有柔软性，因此能够伸展，可以将它变成一张“铁纸”，甚至会比卷烟纸还轻薄。

平时我们看到的铁中都含有杂质。但是，这也并不意味着什么物质都可以和铁混合在一起。就拿硫来说，它不但不能使铁变得坚硬，反而还会使铁变得更脆。而碳才是铁最忠实的伙伴，它可以和铁在一起制成各种铁制品。

铁里面怎么会有碳呢?

原来，铁是用从地下开采出来的矿石中提炼而成的。这需要把矿石和碳混合在一起，同时放进一个大炉子里，这种大炉子很像炊壶的烟筒。把矿石和焦炭从上面倒进去，空气从下面的炉口进入。这和家庭主妇给炊壶或者熨斗点火的方法是一样的。只是面对这样的一个大炉子，是不能用嘴往里面吹气的，这需要一个强劲有力的鼓风机。

铁矿石是铁和氧的化合物。当焦炭被烧得火热，就和铁矿石里面的氧产生了反应。这样，铁矿石中的氧没有了，铁就被提炼了出来，变成铁水流到了炉底。

在这个过程中，融化后的铁水还会将一部分碳溶解掉。这对于滚热的铁水来说是易如反掌的事，就和热水将糖溶解一样简单。所以，最后剩下的并不是纯铁，而是碳溶解在铁里的一种溶液生铁。你们看，碳是铁来到这个世界的第一个伙伴，而且亲密无间。

要是在熔化的生铁里面注入空气，里面的碳就会烧掉一部分。于是，可以采用这个方法把生铁制成钢和熟铁。

生铁为什么和熟铁不同，熟铁又为什么和钢不同呢？

这是因为铁的每一个性质都和它的含碳量有关。

如果你稍加注意，就会发现生铁和熟铁的差别。不信你观察一下熟铁制成的拨火棍、钢片制成的小刀和生铁的小饭锅。它们好像完全是用不同的材料制成的，看不出它们之间有任何的联系。

下面咱就先来说一说熟铁制成的拨火棍。你别看它长得不美，褐色的氧化铁皮，一副粗糙的样子，干起活来可是任劳任怨。任凭你用它去拨动煤块或者翻动劈柴，它都会尽职完成任务。当它变得弯曲的时候，需要你去将它拉直。这时候，你可以不必那么温柔。不管你怎样去敲打，它都不会折断。

再来说一下钢片制成的小刀。它不仅有非常光亮俊俏的模样，而且还非常锋利。要是你将它弄弯，它会自己伸直，这是因为它具有很大的弹性。即便如此，它的弯曲程度也是有限制的。要是弯曲得太厉害，就会断为两半。不过，它完全能胜任自己的本职工作，无论是切、削，或是劈，都不在话下。可是，要是让它去做拨火棍的工作，那就太强人所难了。这对于它来说实在是太残忍了，因为它会变成碎片。

生铁制成的小饭锅是灰色的，几乎接近黑色，这是因为在铁里面加入了很多的碳。它很怕敲打或者撞击，如果你敲击它，它一定会破碎的。对于这么脆弱的生铁，我们要小心呵护。不能用生铁制品来翻动劈柴或者劈劈柴，而对于炒菜做饭这些工作，它却完全能够应付。

拨火棍、小刀和小饭锅，这三种物品的制作方法也是不一样的。

制造拨火棍需要经过熟铁块锻造这一过程。当熟铁在被烧得通红

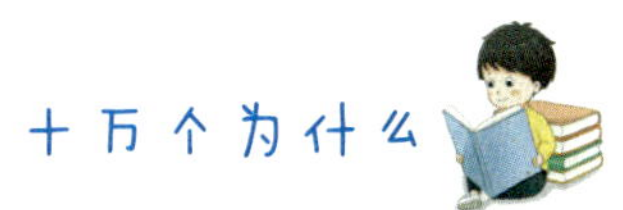

的时候就会变得非常柔韧，此时可以依照你的需求将其打造成各种各样的形状。

小刀也历经了锻造这一过程。不过，它比制造拨火棍多了一道程序，就是在打造出形状之后需要经过淬火的过程。它被烧得通红之后浸泡到冷水里，就会变得更加坚硬。

生铁却不能经受这么强热的历练，因为它会立刻熔化变成液体。而熟铁和钢却能在这样的历练中得到重生。它们先是变软，然后任由需要者打造成不同的形状。锻打、冲压、轧成带子，直到变成新的模样。

小饭锅不是锻造的，而是浇铸成的，这就需要用到干土制成的模子。把熔化的生铁浇注到准备好的模子里，直到其凝固。

这几种物品的不同，完全取决于含碳量的多少。熟铁里面的碳较少，钢里的碳则略多一些，而生铁里面的碳最多。现在你一定很想知道小刀里面的含碳量究竟是多还是少。

你可以这样做。用砂轮将小刀磨一磨，这时需要你仔细观察火花的样子。如果从刀锋上面迸出来的火花分支很像树枝，这说明钢的含碳量很多。火花的分支越多，含碳量就越高。如果火花没有分支，成一条直线的形状，那就告诉我们小刀不是钢片制成的，而是熟铁制成的。

举一反三，你们可以利用这个非常简单的办法来判断某种东西是由什么制成的。

会生病的纽扣

我们知道防止铁生锈的好办法就是镀锡。可是，你知道吗？锡在

有些时候自己也会生病的。虽然这种情况不多，可一旦生起病来，却好似一场可怕的瘟疫。如果在某一个锡器上出现了病状，很快就会传染给周围的其他锡器。

在八十年前的圣彼得堡就发生了这样一件可怕的事情。当时，在仓库里面存放着一批军装。首先在一些军装的纽扣上出现了一些黑色的斑点。正当人们都为此诧异的时候，所有的纽扣上都出现了同样的症状。这是怎么回事？人们虽然想采取补救措施，却束手无策。接着，这些纽扣一个一个地变得又疏又松，最后能看见的只是一堆堆灰色的粉末。

这个问题引起了科学家的重视，他们开始进行试验研究。可过去了很长时间，仍然一无所获。直至后来，他们才明白，这是因为纽扣也得了可怕的病。它们也和伤风感冒一样，互相传染了。

原来，锡有白色的和灰色的两种形态。同样，碳也有不同的形态，分别是普通的碳、石墨和金刚石。

白色的锡和灰色的锡能够互相转变。要是想让白色的锡转变成灰色的锡就要先使它受到传染。只要往白色的锡里面加入一点点灰色的锡就可以了。可这还不够，还要将它们放置在一个凉爽的环境中，温度不能超过二十摄氏度。

仓库里面的纽扣究竟是怎么回事呢？首先是仓库里有了灰色的锡，而且仓库里的温度是非常适合传染的。一旦有纽扣接触到灰色的锡，纽扣上就会出现斑点，而且斑点越来越多。很快，所有的纽扣都被传染。

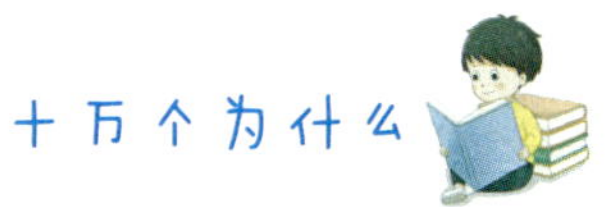

六　厨房锅架（2）

有没有黄色的铜?

之前我们对于生铁、熟铁和钢也了解了很多，下面我们来认识一下铜炖锅。

我们所说的黄铜其实并不是铜，它是铜和锌的合金。如生活中很常见的门把手就是这种合金制成的。黄铜里面铜的含量不到三分之二，其余就是锌了。锌的含量越高，黄铜的颜色越浅。如果锌的含量超过百分之五十，那么黄铜就接近了白色。由此可见，我们可以通过看颜色来断定黄铜里面含锌量的多少。

铜都是红色的，炖锅也都是红铜制成的。

炖锅有一个特别之处，那就是爱清洁。如果你不把它擦干净，很快就会有一层褐色或者绿色的东西覆盖在它的表面。

这一层东西就是铜锈。铜生锈和铁生锈是不同的，铁锈会一直生到里层，而铜锈只是在表面。外面的铜发生了氧化，这层氧化薄膜对里面的铜起到保护作用，如同给它涂上一层油漆一样。

为什么会有许多青铜历经久远的年代依然会呈现在我们面前，就是这个原因。一层绿色的保护衣使它们能够重见天日，依然光彩熠熠。

铜币的表层也会被氧化，变得没有光泽。可是只要把它们放进氨水里，这个问题就会迎刃而解。氨水能令铜的氧化物溶解，这时，铜币又变得光泽如新，氨水则会变成漂亮的蓝色。

黄铜是铜和锌的合金，它的氧化相对于纯铜要慢很多。

你是否观察过炖锅的内壁呢？它的内壁和外面是不同的，内壁不是红色，而是白色。这层白色物质就是“镀锡”，它的作用就是保护铜。食物中的酸和盐对铜产生腐蚀作用，而镀锡不仅仅保护了铜也保护了我们人类。因为被腐蚀后的铜会产生一种铜盐，它对人体的伤害很大，和毒药一样。镀锡很好地将铜与食物隔开，避免了有害物质的产生。

除了瓦罐，你们知道还有什么东西是黏土制成的？

世界上的东西真是奇妙，你看见过摆放在集市上和碗铺里的那些发亮描花的瓦罐和盆钵吗？它们都是由最普通的黏土制成的。这是不是令人难以置信？

可是，当我们走在泥泞的乡间小路时，你的脚上沾满泥巴，你会不会怒气冲天而不停咒骂呢？而你此时最恨的这些东西竟然是能带给我们艺术享受与使用价值的黏土。

黏土的作用不仅如此，想一想还能用黏土制作什么？

黏土制成的物品当然还有很多，如砖、碟子、水泥、颜料以及洗白色衣物时用的蓝粉，而且令人感到奇妙的是这些黏土里面都含有铝。

不久前，只有科学家对铝这种轻金属有所了解。可如今，它已经走进千家万户。像我们厨房中使用的铝锅就是铝制品。铝的优点有很多，首先它不爱生锈，更不会惧怕酸性食物。虽然如此，它也有一个缺点，那就是害怕肥皂和碱。但我们对它的这些不足也是可以原谅的。

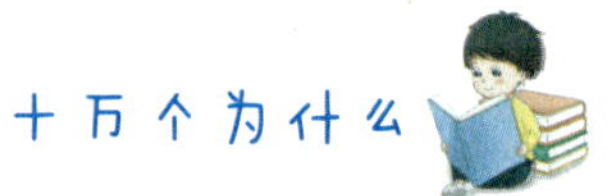

铝被人们叫作“土银”。实际上，铝和银是两种根本不同的金属。铝在空气中也会被氧化，由银白色变成灰色，披上了一层薄薄的氧化物。这层氧化物对它起到一定的保护作用，可随之而来的副作用影响了铝的外观。铝的氧化物与铜的氧化物不同，铝的氧化物是没有毒的。

你要想制作一件永远光闪闪的东西，是不应该选择铝的。可是，它还有一个更大的优点，那就是非常轻，只有同等体积铁的三分之一重。这个特点是金、银、铜、铁都为之望尘莫及的。这对于飞机的制造来说可是非常关键的，因为制造飞机的材料可是越轻越好。

铝能够跟其他金属混合制成非常有价值的合金。硬铝就是铝和镁、铜、锰的合金，只有钢的三分之一重，却有着和钢同等的强度和硬度。

因此，你可别小看我们脚下的黏土，它可是含有铝的一种非常有价值的自然能源。如今，人们只能从矿物铝矾土和冰晶石中提炼铝。从黏土中提取铝仍旧是一件非常困难的事情，这个项目还有待于人们去研究，期待能找到一种从黏土中提取铝的简便方法。

制作瓷器并不是用黏土，而是用高岭土。

高岭土是一种非常稀有的、纯净的白色黏土。我们北方没有这种黏土，在我们圣彼得堡能够随处可见的是那种极其普遍的黏土，里面掺杂着很多杂质，可以用它来制砖。黏土中的杂质是能分离出来的。

首先，将一小块黏土放在装水的杯子里，然后搅拌均匀。这时，你会看到比较重一些的杂质都会沉到杯底。杯中的水变得浑浊，这是黏土与水混合在一起了。然后，把这些浑浊的液体倒进另一个杯子中。黏土的颗粒会慢慢地沉到杯底，而水会变得越来越清澈。这时，在杯底的就是黏土。最先在第一个杯子中沉入水底的则是大量的粗石灰石和沙砾。

刚刚我们所做的这个分离黏土的实验和大自然中的现象极为相似。你看，那个含有杂质的黏土块我们可以称之为花岗岩山脉，而杯中的水可以看作是自然界山涧中永不停歇的水流。

无论花岗岩是多么坚硬，在自然界的风吹雨打中，它也会变松变软，风化成沙砾和黏土。

山涧中的水流夹带着沙砾和黏土往下流。砾石和粗沙沉淀得快，很快就找到了归宿。而黏土和细沙跟着水流继续向前，在水流比较缓慢的地段它们会慢慢停下来，淤积在那里。

于是，在河道底部就形成了厚厚的一层黏土层。待水流枯竭或者水流改变方向后，黏土层会一直保留在那里。你还会看见那些可爱而圆滑的大小不一的鹅卵石，好像我们杯子中和沙子混合在一起的砾石一样。它们可以证明在过去的某个时期，这里曾有水流经过，可是现在已经消失不见。

黏土中除了沙子和砾石之外，还有其他的杂质。黏土之所以会变成红色或黄色，就是因为里面含有铁锈。因此，我们看见用黏土烧出来的砖头是红色的，这可不是人工所为。利用黏土的这个特点，可以用它来制造颜料。例如赭土，它就是红色或者黄色，里面含有大量铁的氧化物。

如果说花岗岩变成沙砾和黏土令人们感到惊讶，那么，黏土变成厨房里使用的瓦罐会更加令人感到不可思议。

要是你拿着一小块黏土和一块陶瓷碎片进行对比，你会发现黏土的结构非常疏松，非常容易散掉，而陶瓷碎片的结构却非常致密。

当黏土遇到水，你能想象出黏土会慢慢松散，软软的，最后变成泥浆。陶瓷碎片遇到水则纹丝不动，不会有丝毫的变化。

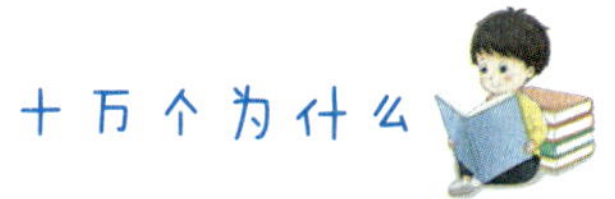

根据黏土的这一特点，我们可以将黏土塑造成各种各样的形状。例如用作模型、压成薄片或者捻成细条，这都可以根据自己的需要来制造。而陶瓷的形状不会轻易改变，除非你将它敲碎。

如果你有兴趣，可以找一块黏土，自己制作一个瓦罐。这并不是一件多么困难的事情，不是有那么一句话嘛："烧瓦罐不要神仙。"意思是说这很容易做成。

你从厨房里的瓦罐得到了哪些启示?

要是你想立即动手去做一个瓦罐，就要先准备一块黏土，并加入一定量的水，将其调和均匀。也许你会问：不加水可以不?

实际上这是可以的。现在的科技相当发达，人们已经发明出了一种冲压机。不需要加入一滴水，只要将干黏土放进钢模子里，再用冲压机来压，就能制造成各种各样的黏土制品：瓦、陶器、铺地的瓷砖等。

这需要 200 个大气压，你知道这样的压强有多大吗?

举个例子：如果你在一本书上加上这么大的压强，那就相当于在它上面叠放四辆满载货物的车厢。显然，光凭借你我的手是无法做到的，这只有冲压机才能完成。

水是黏土团里面的润滑剂，它可以有效地减少黏土颗粒之间的相互摩擦。水的作用不是将它们拆开，而是让它们黏合得更加紧凑。模子的作用也是促使黏土颗粒能够找到自己的位置，并且很快安定下来。

当用冲压机来压制各种黏土制品的时候，首先让它们变形，然后固定形状，将其变成我们心目中的样子。

这时，水对于成品的形成起到推动作用。水分慢慢蒸发，黏土团变得越来越干，黏土颗粒之间的空隙变得越来越小，成品也就越来越结实。当黏土完全干燥的时候，黏土制成的砖会缩小到原来的四分之三。

可是黏土制品也有一个缺点，那就是在它完全干燥之后会开裂。那样子就和干燥的池塘底部差不多。你们都见过黏土地干燥后那些吓人的大裂缝吧，好像地震后留下的裂缝带，令人不寒而栗。对于一只小蚂蚁来说，池塘底部的裂缝就是一个恐怖的深渊，更别说站在边上朝里面看上一眼了。

当然，聪明的人们总是有办法来解决各种难题。要想黏土在干燥后不开裂，就往黏土里面加沙子。沙子的存在就好似一副结实的骨架，它能把黏土的颗粒紧紧地控制住，不至于在没有水分的情况下，颗粒间的空隙收缩得厉害，这样也就不会开裂。

现在我们掌握了所有的情况，可以开始工作。

首先你要准备一小块黏土，如果没有，可以到修炉匠那里去要一块。然后往黏土中加入少量的水，慢慢地揉和。如果水少，再加入一些，但不要加太多。这个度要掌握好，加太少的水黏土就不能揉和成团；加太多的水就会粘在手上。接下来往黏土团中加入少量的细沙，再慢慢地揉和，直到看不见沙子为止。最后一项就是动手捏成小罐了。

也许你第一个作品不算成功。因为黏土不同，加入的沙子量也不同，加入的沙子过多或者过少都会影响小罐的制作效果。所以，当你第一次有了制作经验之后，不妨再做一个，直到满意为止。

终于做成了一个小罐，可是，它看起来并不美观。要是你从上面往下看，看到的肯定不是一个圆形，倒像一个双颊肿胀的脸蛋。

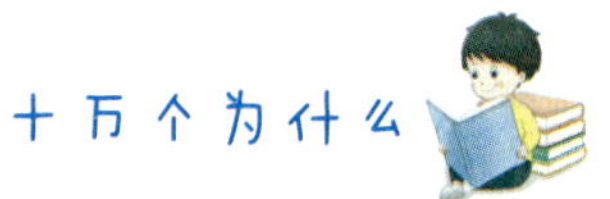

如果你想达到尽善尽美似乎不太可能。因为我们仅仅依靠眼睛是不能使得罐壁各处到中心的距离都一样的，这和没有圆规却要得到一个规则的圆是同样的道理。

陶工在制罐时有非常专业的工具，就是一个特制的旋盘，名为“陶工旋盘”。

将一块圆板装在一根轴上，这根轴带动圆板旋转。这时，陶工把黏土团放在圆板的正中间，大拇指摁进黏土团里，另外四根手指则在外面将其扶稳。随着圆板的转动，黏土团在陶工手指的作用下慢慢变成圆形的罐壁。

当我们画圆的时候，圆规没有动，动的是纸张。在这里，陶工的手就相当于圆规，而陶工旋盘的圆板则是转动的纸。

现在，我们将一个圆圆的小罐做出来了，接下来就要将它放到架子上晒两天。等待它干了之后，还得再烧一下，这样才能盛水。如果用没有烧过的罐子去装水，它就会变成和原来一样的黏土团，甚至是一摊稀泥，这可就前功尽弃了。

烧制罐子时要将罐子放到炽热的煤炭上，这一工作是在窑里完成的。满心欢喜的期待也许会变成失望，因为要是罐子没有干透，在火的炙烤下就会破裂。

这是为什么呢？因为没有干透的黏土中含有水分，水分遇热会变成水蒸气。水蒸气所占的空间要比水大，它还要从黏土中跑出来，于是罐子会发生破裂的现象。如果你不想让这种情况发生，就要等罐子干透了再进行烧制。

在罐子还在烧制的时间，我们来研究一下：为什么要把它放到窑里去烧呢？

当黏土团在火上被烧烤的时候，黏土中的颗粒之间连接的就会越来越紧密。即使是盛放水等液体，黏土颗粒也不会移动位置而出现漏水的情况，它已经成为像海绵一样的一整块了。

几个小时之后，我们的罐子烧制成功。它现在已经是砖红色了，用它来盛水，它不会再变成黏土团。

虽然不会漏水，可由于个别颗粒之间还存在着小小的缝隙，也会出现渗水的现象。即使渗得很慢，你还是可以感觉到的。

如果你能找到一只在厨房中正在使用的瓦罐来看看，当然，这不是我们自制的。你会发现在它的外面有一层透明的薄膜，也叫釉，这层釉能够把陶器里面的小孔完全堵住，如同我们用玻璃把窗口堵住一样。这样，里面的水就不会渗出来。

我们不妨来大胆想象：假如你能将自己身体变小，钻入到陶器的缝隙中去，你会看到什么？你的眼前是一片黑暗，感觉在蜿蜒的深不见底的岩洞中前行，我们触摸到的是由黏土颗粒建成的石壁。走着走着，你的眼前出现了一丝光亮，你急忙奔向前去，可眼前是一道透明的、无法穿透的墙壁。你赶紧跑向别的方向，可无论你走到哪里都是同样的结果，一层透明的釉把我们封在了里面。

怎么给罐子上釉呢？最简单的方法在烧制之前，把盐、水和沙子调和起来涂在罐子的表面。盐、沙子会和黏土融合在一起，于是就得到了釉。

七　碗柜（1）

瓦罐的亲戚

除了铝锅和硬铝制造的飞机是瓦罐的亲戚外，瓦罐还有一些亲戚就在你的家里。它们并不在厨房的锅架上，而是住在一个高大漂亮的碗柜里。

你看，这个碗柜里住着浅盘、深盘、茶杯、茶碟、折断一个柄的糖缸和打破了嘴的茶壶。它们整齐地排列着，好像在等待检阅的士兵。它们来自同一个家族，都是用白色上釉的粗瓷制成的，闪着晶莹的亮光。

这个碗柜里最好的瓷器是那个细瓷的、有柄的大杯子。上面画着美丽的图案：一条浅红色的河流蜿蜒地流向远方，河边有一个浅红色的磨坊，一个身着红色衣服的渔夫正拿着一根浅红色的鱼竿在钓鱼。

这些精美的瓷器要比那些釉色灰暗的粗陋瓦罐好看多了。可是，你要知道，要是没有瓦罐怎么可能有这样漂亮的细瓷杯子呢？

如果你想制作一件漂亮的瓷器，就要先学会制作瓦罐。

究竟是谁最先发明瓷器的？

在法国、丹麦、瑞典这样靠近海岸的沿海国家，你会看见很多土丘。这些土丘低缓而绵延，足有几百米长。挖开土丘，你会看到鱼骨、贝壳、动物骨骼，由石头制造的刀子和刮削器，鹿角制成的鱼叉和锄头。这些都是原始人使用过的东西，他们把废弃的东西全都扔在了这里。

久而久之，废弃物越堆越高，逐渐变成了一座山丘。在这里，我们还发现了瓦罐的碎片，只是与我们现在的瓦罐有很大的不同。瓦罐的表面没有上釉，底部也是凸凹不平的。

可是，谁能说这不是真实存在的瓦罐呢？

几千年之后，细瓷器才出现。虽然它出现得很晚，可这也不足为奇。因为它毕竟要比瓦罐高级了很多，而且制造起来也不那么容易。

大约在一千七百年之前，中国人最先掌握了烧制细瓷器的技术。按照中国人的时间来计算，大概是在十五世纪的时候，也正是在中国的明代。

当时欧洲人还不懂得烧制细瓷器的方法，他们都用黄金来和中国人交易。这样过了很久，直到有一位炼金术士琢磨出了中国人制造细瓷器的方法，这个秘密才大白于天下。

瓷器和火药、印刷术一样，是中国人最先发明出来的，但这些技术并没有传授给其他民族。于是，我们不得不自己来动脑。据说，贝特霍尔德·施瓦茨发明了火药，谷登堡发明了印刷术，约翰·博特格发明了瓷器。

萨克森国王奥古斯都任用博特格为自己的专用炼金术士。

炼金术士们绞尽脑汁幻想着有一种“哲人石”，他们认为只要把铜、铁或铅等金属和它一起炼制就可以得到黄金。可是，他们用了几十年的时间来寻找，也没能找到这种石头。因为，那是完全不存在的。

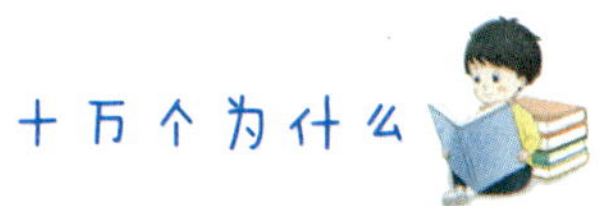

那个时候，国王们利欲熏心，贪婪的心永远也不满足。他们想方设法招募炼金术士，甚至还将炼金术士们监押起来，防止他们跑到别的国家去。国王们幻想着自己的国库装满了黄金，因此不断寻求制造人造黄金的方法。

终于，在寻求人造黄金的过程中，有的国王等得不耐烦了，便将那些没能炼出黄金的术士杀死。不知道这样做是对术士的羞辱，还是彰显对科学的尊重。国王们下令将他们绞死在镀金的绞刑架上。虽然绞刑架是镀金的，可依然能绞死那些可怜的术士。

事实上，在寻找“哲人石”的过程中，他们也有一些惊人的发现。博特格就是其中的一位。

那年，博特格只有十四岁，虽然年龄不大，却表现出了惊人的毅力。偶然的一次机会，他得到了一本记载着“哲人石”的手稿，里面写着怎样炼出黄金的方法。

从此，博特格脑海里只有炼黄金这样一件事。他每时每刻都在思考，非常想拥有属于自己的一间实验室。当时，他在一个药店里当学徒，这给他提供了很好的实验机会。每天晚上，当药剂师左纶进入梦乡后，他就开始做实验。

一天深夜，博特格正在专心致志地做实验，左纶先生突然出现在他面前。左纶先生大怒地喊道：“你这个小坏蛋，怎么不经过我的允许就进来了？还敢随便使用我的东西，你赔得起吗？”

博特格胆战心惊地回答：“我在研究炼制黄金的方法。”

“什么，黄金？你在做什么美梦？膏药你都不会制作，就想当炼金术士，我需要的是一个学徒，赶紧拿着你的行李滚蛋！我一定要把这件事告诉你的父亲，让他好好管教管教你！”

博特格把一件衬衣、一条裤子，还有他最爱的手稿放在了背包里，然后无精打采地离开了，但心里的信念始终没有动摇。他坚信自己一定能炼制出黄金。

面对他的归来，家人们表现得并不热情。尽管他的父亲是一个铸币工，可家庭状况并没有明显的改善，一块多余的钱币也没有。博特格在家里待了几个月后，迫于无奈只好又回到了左纶的药店。

博特格下决心再也不做炼金师了，可他对于炼金的痴迷如同一个赌徒一样，他怎么能轻易放弃呢？于是，他在偷偷地继续着实验，这回他变得更加小心翼翼。可是，他就是一个倒霉蛋。在一个夜晚，他又被左纶抓个正着。这个药剂师没给他任何解释的机会，当场就把他赶出了药店。

有家不敢回，博特格举步维艰。天无绝人之路，正当他一筹莫展的时候，遇到了冯·佛尔斯登堡公爵。冯佛尔斯登堡公爵是名门望族，他了解到年仅十六岁的博特格的经历后，立刻将他带回到自己的家里，并给他建造了一个属于自己的实验室。

博特格的命运发生了戏剧性的改变，他穿上了华美的衣服，住进了豪华的宅院，兜里的钱包也变得鼓鼓的。

这下，左纶也跟着扬眉吐气。他逢人就夸耀自己的徒弟如今是闻名遐迩的炼金术士了。顾客们也跟着夸赞：“有这样出色的徒弟都是老师的功劳啊！”

时间在一次次的实验中悄然而逝，博特格已经成为一个大人，可他的实验令公爵一次又一次地心灰意冷。刚开始的时候，公爵对他也充满了信心。可是一次次失望之后，他觉得博特格就是一个骗子。

博特格发觉情况不妙，他想溜之大吉，却被公爵抓了回来。公爵

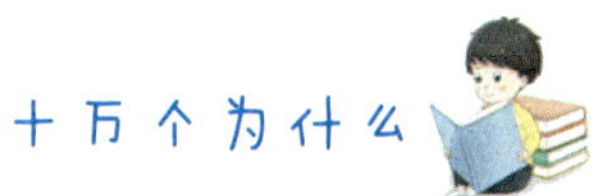

要求他继续做炼金实验。现在他的情况与在药店时恰恰相反，他要是不做实验就会受到公爵严厉的惩罚。

公爵胁迫博特格把制造黄金的方法写出来。他可没那么听话，他一顿胡言乱语，写了一本无人能懂的天书。公爵岂是那么好骗的，谎言被揭穿，国王将他关进了监狱。

徒弟声名狼藉，左纶也没有往日的威风，他又改变了自己的一套言论。

“博特格终究不是一个本分的人，他这么骗人，上绞刑架也是意料之中的事。”药剂师对他的顾客这样说道。

可是，老天的眷顾再一次降临到博特格的头上。契伦豪森伯爵发现了他，并把他介绍给了萨克森国王。萨克森国王命令博特格研究制造细瓷器的方法。在当时，细瓷器比黄金还要贵重。国王奥古斯都曾经用一个团的人马和普鲁士国王交换了一套产自中国的细瓷器。

博特格还算是幸运的。这一次，他成功研制出了制作细瓷器的方法。即使这种瓷器是褐色的，可对于他们来说已经是一个惊人的发明了。

发明家得到了应有的赏赐。可是，国王却没给他自由，依然将他和助手关在监狱里。制造细瓷器的方法被视为机密，他们不得将方法泄露出去。

细瓷器开始在王宫里出现，并被国王当作贵重的礼物赠送给其他国王。

1707 年，细瓷器开始在莱比锡的集市上出售。一座大型的瓷器厂在迈森的阿尔布雷希特斯堡建成。博特格也终于研制出了白色的细瓷器。

迈森细瓷器的出现可以说是非常成功的发明，因为它和中国的瓷器很难分辨清楚。我们只能从它的商标上将它们认出来，它的商标是两把交叉的剑。

博特格虽然成功了，可他依然生活在迈森城堡中，衣食无忧，唯独没有自由。

他想早日摆脱国王的控制，离开这个令他讨厌的地方。于是，他私下与普鲁士宫廷洽谈。无奈东窗事发，他又被逮捕，并被判刑。

他的命运始终是不错的。这一次，好运再次降临，他被免于死刑。后来，一直在监狱中度过余生。

制造细瓷器的秘密

迈森城堡里的狱卒们在努力保守着一个秘密，而这个秘密已经被视作国家的最高机密。这个秘密是什么呢？制造细瓷器的方法到底是什么呢？

其实，这里的秘密可不止一个。

首先关于取土的问题就是第一个秘密。博特格总结出不能使用普通的黏土，要选择白而纯净的黏土，这个发现来自一个有趣的经历。有一天，他往自己的头发上搽粉，可是搽着搽着觉得有些不对劲，他仔细一看，这不是一种黏土嘛。后来，博特格在迈森城堡附近找到了这样的黏土。他用这种黏土做细瓷器，终于取得了成功。

有了合适的黏土并不等于成功，可这毕竟向成功迈出了一大步。

第二个秘密就是白沙、云母和长石的发现。制细瓷器的时候加入

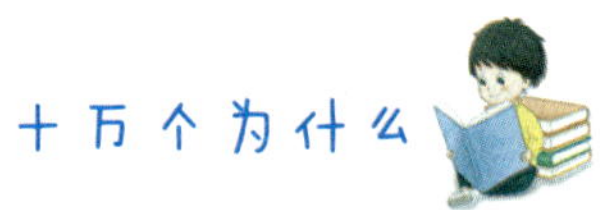

纯净的白沙，当黏土干燥的时候就不会破裂。加入云母或者长石后，黏土颗粒之间结合得就更加紧密，黏合效果就会更好。

然而，无论是沙子、云母、还是长石，在使用前都要将它们碾碎，这也是第三个秘密。接下来，我们要把被碾碎物中的大的颗粒清除出去，这就需要使用沉淀的方法。沉在杯子底部的大颗粒完全不要，要用的是细细的粉末，就像我们沉淀黏土时那样。

我们得到了细粉末，下面把黏土、沙子和长石的细粉末用水调成黏土团。然后把黏土团放在陶工旋盘上，将它做成坯。

烧制细瓷器与烧制陶器是不同的，需要注意的是细瓷器需要烧两遍。在第一遍烧制的时候只需要简单烧一下就可以，然后上釉。第二遍很关键，需要掌握好温度。其中的秘密就是要将温度烧到最高，好像马上就要将它熔化一样。可是，问题也随之出现：由于温度过高，你好不容易制作成的茶杯等制品会被烧坏，出现了变形的现象。这时，你需要想办法将它们支起来。例如，使用木棒等工具做支架，茶杯等就不会倾斜以至于被烧成奇形怪状。

要想烧制好的细瓷器，还有一个秘密也是需要熟稔于心的。那就是当烧制的时候，如果不把接触支架的那层釉擦掉，就会出现茶杯等制品粘在支架上的情况。

这也是很令人头疼的一件事。

也许你会问：为什么把温度烧得那么高呢？烧得低一些不行吗？

这绝对不行。如果温度不够高，烧出来的就不是细瓷器，而是陶器了。

细瓷器和陶器到底有什么分别呢？

它们之间最大的区别就在于是否是一个整体。在强热下，细瓷器的黏土颗粒全部连在一起，呈现出半透明的状态。而陶器的黏土颗粒之间还存在空隙，和瓦罐差不多。

所以，我们可以根据这一特点，把它们放在阳光下看一看，透光的是细瓷器，不透光的就是陶器。

当然还有一个办法，就是我们前面提到的擦去底部釉的情况。你观察它的底部，没有一圈釉的是细瓷器，有一圈釉的就是陶器。

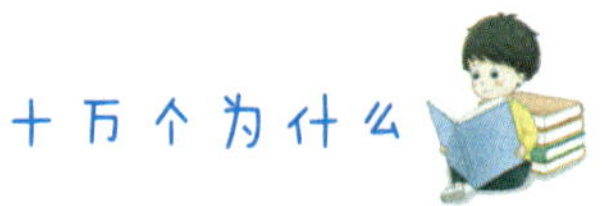

八　碗柜（2）

你的碗柜里面有用沙子制成的物品吗?

你会说只看到了茶杯和盘子。难道没有其他用沙子制成的东西了吗？没有玻璃杯、高脚杯和盐罐吗？你说这些都是用玻璃制成的。对，玻璃就是由小孩子都玩过的那种细沙制成的。不仅玻璃杯和高脚杯如此，你看那些高大的建筑物也都是用玻璃和钢铁建成的。

在伦敦有一座“玻璃大厦”，它高大雄伟，耸入云间。百年老树挺立在宽敞的大厅内，虽然是在室内，但和在外面没有什么分别。沙子组成了这座大厦的一半，可它却能巍然屹立，坚固无比。

有没有硬的液体?

在制造普通玻璃的时候，要将沙子、碱和白垩倒在一口坩埚里，然后放在窑里。坩埚是由一种非常耐火的黏土制造成的，即使是在一种强热下也不会熔化。

碱、白垩和沙子混合物在强热下相互融合，变成了液态玻璃。它看起来和水一样。但是，在温度改变的情况下，它就和水截然不同了。

水在一般状态下都是液体，当温度降到0摄氏度或者更低的时候，

水就会变成冰，由液体变成了固态。

当处于强热下的液态玻璃慢慢冷却的时候，它会变得越来越黏稠，这是和水的不同之处。达到 1200 摄氏度时，它好像糖浆一样；达到 1000 摄氏度时，它就可以被拉成丝状；当处于 800 摄氏度时，它就更加黏稠了。

随着温度的降低，液态玻璃已经黏成了一个软软的块状。慢慢地，软块变成了硬块，就是我们都知道的玻璃了。

这就是玻璃由液态到固态的变化过程。你要是想知道它在什么温度下熔化，什么温度下凝固，这可是一道难题了。

这也是人们把玻璃叫作“硬的液体”的原因，虽然感觉有些不可思议。

正因为玻璃是“硬的液体”，所以才能将它做成各种各样的形状。例如，有突起的酒瓶、有漂亮花纹的高脚杯，还有美轮美奂的大花瓶。

肥皂泡制造工厂

大家都知道有一句俗语：“趁热打铁。”现在我们要说趁热吹玻璃。是的，我们要在它变硬之前就吹它。

小的时候你一定玩过吹肥皂泡，可是你知道吗，很多的玻璃器皿都是吹出来的。只是不能像我们小时候那样用麦秆吹，而是用一根有木头嘴的长铁管吹。当熔化后的液态玻璃稍稍有些冷却之后，制作工人们就在铁管的末端蘸上一点儿玻璃液，然后就用力地吹，得到一个大大的玻璃泡泡。

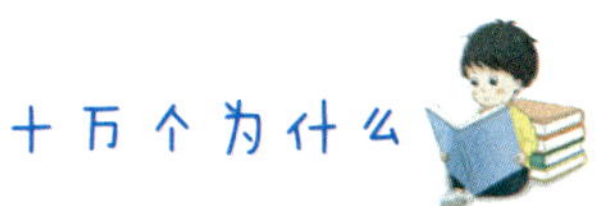

然后你就可以用这个玻璃泡泡制作你需要的东西了。灯泡、杯子、瓶子、窗户上的玻璃等，可以做成形态各异的玻璃制品。

下面我们来看看工人们是怎样制造瓶子的。首先，他们会把吹好的玻璃泡放在一个模子里，然后往里吹气，直到整个模子都充满了玻璃泡为止。玻璃泡紧紧地贴合在模子的内壁上，这样在冷却之后会很轻松地将瓶子取下来。当然，这个模子是可以自由拆开的。

在取瓶子的时候要把它和吹管分离，这很简单，只需要一根凉的铁棒对着瓶颈划一下就可以了。

瓶子是吹出来的，这令我们感到很吃惊。是啊，不仅如此，实验室里那些玻璃仪器也是吹出来的，这很神奇吧？工人们真是令人刮目相看啊！

吹玻璃可不是一件轻松的活，这不仅累，而且对人的身体健康很不利。当制造比较大一些的玻璃制品时，都不是人工去吹，而是采用机械空气泵往里鼓气。

现在很多工厂都采用机械吹玻璃，三十年前就发明了这样的机器。机器干活，不仅节省了人力，而且增加了工作量。就拿吹瓶子来说，一部机器干的活是八十个吹玻璃工人的工作量，一天就可以生产两万只瓶子，这个数量是相当惊人的。

玻璃制品吹出来之后，还有一步必须要做到，就是将其冷却。

如果要想将玻璃制品迅速冷却，那是不行的。拿一个玻璃球来说吧，当你把一根玻璃棒熔化后，将一滴滴落到冷水中。这时，你会看到水中会出现一个硬的玻璃球，好像速度很快，可只要这个玻璃球有一点点损坏，它就会变成粉末。可见，冷却的速度快，得到的玻璃制品却很不结实。

于是，要想得到一个结实的玻璃制品，就要将它放在一个特殊的窑里。经过很长一段时间，让它慢慢冷却。

一般的玻璃制品都比较粗糙，还需要细加工。像那种高脚杯和小花瓶，冷却后需要先打磨，再使用金刚砂或者某种粉末将其抛光，这样摸起来就比较光滑柔和了。

一般都采用先吹制、后打磨、再抛光的方法，不过也有浇铸法和压制法。我们很容易就能将用什么方法制作的玻璃制品区别开，浇铸法或者压制法制成的棱角都非常圆润，没有尖尖的感觉。记住这个特点，我们就能识别是打磨成的还是浇铸成的酒杯了。

一块大镜子也不是吹成的，而是采用浇铸法制成的。需要先制作一大块厚平板，然后将其打磨抛光。

当然，还有其他方法对玻璃制品进行区别，并不仅仅体现在制作方法上。

首先我们说一说绿色的玻璃。绿色的玻璃是由普通的黄色沙子、碱和白垩制成的。玻璃呈现绿色是因为沙子里面含有铁锈，它先是黄色的，然后在窑中慢慢变成绿色。这样的玻璃中都含有铁。

当然也能制造无色玻璃，这就需要改变一下原料，要用比较白的沙子。要想制造出水晶玻璃，就要用最上等的纯白色沙子，把普通的碱换成钾碱，把白垩换成石灰石或者铅丹。这样制成的就是最上等的玻璃了。

不会碎的玻璃

经验的增加让人们发现沙子或者石英制品要比玻璃制品结实耐用。即使是在滚热的情况下将它扔到水里，仍然完好如初。

可是人们一般都不用石英来制杯子、盘子和瓶子。因为在使石英熔化时要用到电炉，电能的消耗需要付出更大的成本。

随着科技的发展，美国人已经研制出了一种“耐热玻璃”。这种新型玻璃在加热到200摄氏度后，即使是立刻扔进冰水里，也不会炸裂。

法国人也研制出了“夹层玻璃”。这种新玻璃是用透明的赛璐珞胶把几层玻璃黏合而成的，它的主要特点是防枪击，子弹是打不碎的。

前不久，苏联的科学家还用塑料制造出了一种不会碎的玻璃。

下卷

书的故事

一 活的书

最古老的书是什么样子的?

它是印刷的还是手写的?是用什么材料制成的?在图书馆里能找到它吗?

这些问题一直困扰着人们。曾经就有一个对书非常痴迷的人，他为了寻找最古老的书籍走遍了世界上的每一个图书馆。那些变黄、发霉的旧书堆里留下了他的痕迹。他的衣服上、鞋上都沾满了灰尘，看起来就像一个历经长途跋涉的旅行者。

他未曾停止对这本最古老书籍的寻找。可不幸的是他从书柜旁的梯子上掉下来摔死了。对于他的这份执着，我们很敬佩。可他哪里知道，他一直在寻找的最古老书籍在几千年前就已经变成了地下的一抔土。

最古老的书到底是什么?也许你不会想到，它可不是放在书架上。它能走、能跑、能说话，它就是人，是一本有生命的书。

在古代,人们不会读书写字,更没有写字的工具。一切有关的历史、法律和宗教都是人们口传心授，约定俗成的。当一代人去世后，他们的有关规定和故事还会保留下来。一代传一代，上一代讲述的故事就叫作“传说”。

传说流传的时间久了，它就会慢慢地被人们增加或减少一些内容。

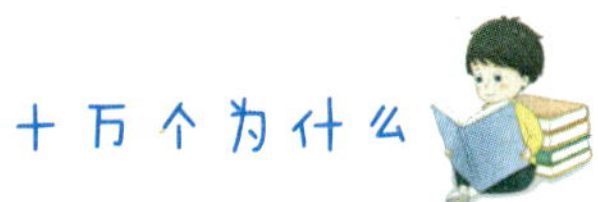

随着时间的流逝，传说也越来越具有传奇色彩。有的故事是赞美首领的勇敢，后来变成了歌颂武士的故事。讲述武士怎样不怕刀箭，怎样像狼一样在丛林中跳跃，怎样像雄鹰一样在天空中翱翔。

直至今日，在其他民族或在我国北方地区还有这样会唱书的人，他们继续讲着有关武士的传奇故事，吸引了众多的听众。

在古希腊，《伊利昂纪》和《奥德修纪》描写希腊人和特洛伊人战争的传说故事一直被人们所喜欢和歌唱。后来，还被人用文字的形式将这两个故事记录了下来。

希腊人把会唱书的人称为“爱德”，在宴会上被奉为贵宾。“爱德”坐在柱子前雕花的椅子上，将竖琴挂在头上面的木钉上。

宴席接近尾声，桌子上杯盘狼藉。那些装肉的、装面包的盘子、酒杯都被撤了下去。客人们酒足饭饱，都等着“爱德”唱书了。

只见“爱德”抱着他的竖琴开始演奏，将一个个动人的故事娓娓道来。他吟唱着有才华卓越的国王奥德修斯，也有勇敢英武的阿喀琉斯……

是“爱德”唱的书好，还是我们现在的书好，只要你去书店里买一本《伊利昂纪》就知道了。你可以把它带在身上，什么时候看都可以。它既不会饥饿，也不会生病，更不会死亡。

大家想一想：如果我们所有的知识都可以通过看书来学习，还用去上学吗？老师还有存在的必要吗？你不可能每一件事都去问书本，也不可能随身携带书本。可是，你可以去问老师，或者向别人请教，老师会给你讲解明白的。

如此看来，“活的书”对我们还是大有裨益的，可要是提到“活的信”，情况似乎就不这么乐观了。

古代的人不会写字，也没有邮局，要是想传递一些消息，就要靠人来传递。

选择一个报信人，然后由报信人把要说的话背出来。

大家设想一下，如果我们现在没有邮递员，仍然在用报信人，那会是怎样的一种情况呢？首先这样的报信人就很难找到，因为他每天要背下来很多封信，甚至达到两百封，这能做到吗？即使有人愿意做这项工作，也不会做得很好。

咱们假设有这样一位报信人，在伊凡诺维奇生日这天他来送信。门开了，伊凡诺维奇说：“您有什么事？”“哦，先生，有您的一封信。信上说：‘亲爱的伊凡诺维奇，祝您寿诞快乐！你什么时候出嫁的？请您于十二点为西多罗夫先生被劫一案出庭做证……’”

没等报信人说完，伊凡诺维奇已经愣在那如坠云里雾里了。

原来报信人已将二百多封信弄混了，他这样胡乱地说，谁能听得懂呢？

帮助记忆的东西

我认识一位老先生。老先生精神矍铄，容光焕发，身子十分硬朗，还愿意帮助别人，心地十分善良。他虽然八十多岁了，可看起来依然像个年轻人。

可是，他有一个毛病，那就是记性不好。记不住别人的名字，即使我们已经是老朋友了，可依然叫错我的名字，不是叫我彼得·葛雷高里奇，就是叫我伊凡·谢门尼奇。更糟糕的是，无论他去哪里，都

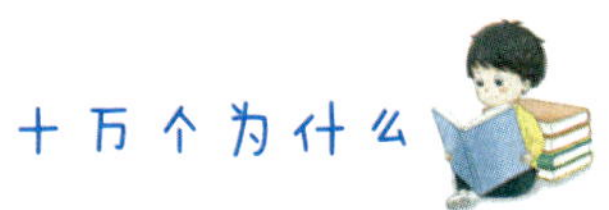

不记得自己要去干什么。

如果你让他帮你办件事，那他可就有的忙了。他会不停地问你，直到以为已经记住了为止。即便这样，他还会觉得不牢靠，还会在手帕上打个结。可是这样有什么用呢？当他想依靠手帕恢复记忆的时候，手帕上已经有十几个结了。哪个结代表哪件事呢？即使你的记性再好，在相同的结面前，也会毫无头绪、不知所措的。

如果能把老先生打结的方法加以改进，打成不同的结，每一个结代表一个字母或者单词，这样想起来是不是就容易多了呢？

其实，结绳记事的方法在很早以前就已经出现了。如果你现在到南美洲去，你会看到秘鲁人仍然在使用这种方法记事，他们对此是很擅长的。

只是，他们不在手帕上打结，而是在绳子上打结。在一根粗粗的绳子上系着不同颜色、不同长度的细细的绳子，在细绳子上面打着很多结头。要是有紧急的事，就把结打在绳子的顶端，越近说明事情越紧急。

不同的颜色代表不同的意思：黑色代表死亡、白色代表银子或和平、红色代表战争、黄色代表黄金、绿色代表谷物。没有颜色的结头代表数目：单结是十，双结是百，三结是千。

要想读准结绳代表的意义，需要准确的记忆力和观察力。首先你对绳子的每种颜色或结头代表的意义要清楚，然后需要你细心观察结怎么打的、打在哪里，等等。秘鲁的孩子很小就学习这种绳子文化，就和我们从小学习字母一样。

我们再看看印第安人、休伦人和易洛魁人是怎样记事的。他们把各种各样的贝壳作为文字来进行交流。首先把贝壳做成小圆片，用一根线穿好，再做成一条带子。

他们也用不同颜色代表不同的意义。黑色代表不顺利、灾祸、死亡；白色代表和平；黄色代表贡礼；红色则是危险和战争的信号。

这些颜色代表的意义一直沿用到今天。如用白色表示要求和平，黑色表示悲伤，红色表示革命。看那鲜红的旗帜其实早已经历经了久远的年代，它所代表的意义也经久不衰。

你们见过海军的旗子吗？那在桅杆上高高悬挂的旗子其实就是海军的通信语言。他们用各种颜色的旗子组成了一整套完成的旗语。

不仅如此，古代遗留下来的各种颜色的文字也用在了铁路上。

能准确地判断各种颜色贝壳的意义也不是一件简单的事。

在每个部落酋长的手里都保存着一袋袋的贝壳，颜色不同、大小不一。易洛魁族每年都会在森林里有两次聚会，由有威望的老酋长给小伙子讲解有关贝壳的秘密。

当印第安部落派人到别的部落去的时候，都要给使者带上一条彩色的带子和一条贝壳串。

使者见到酋长后把彩色带子呈上，并说："尊敬的酋长，请您先看看这些贝壳，再听我讲。"然后，他就指着一个贝壳开始说起来。

要是没有语言上的说明，光是看着那些贝壳，你知道它是什么意思吗？那是很难懂的。

如果一条带子上串着四个贝壳，分别是白的、黄的、红的、黑的。你怎么理解这封信的意思？我们可以从两个方面来解释。第一种解释：我方愿意与你们和平相处，如果你们同意，就要给我方纳贡；如果不同意，我们就要和你们决战，把你们都杀光。第二种解释：我方请求

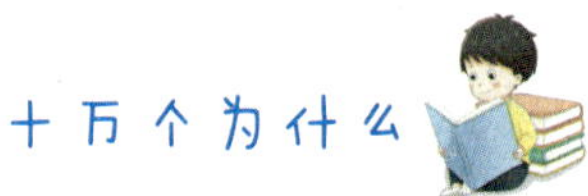

和解，并且愿意向你们纳贡。如果继续战争，我们的后果会很惨。

两种解释截然相反。为了避免这样的误会，还需要派一名使者对这封信进行解读。因此，光凭一封这样的信是不行的，它只是起到了帮助人记忆的作用。

像这样帮助人们记忆的方法还有很多。例如，在木棒上刻痕用来记忆羊的只数或者面粉的袋数，用木棒上的刻痕来记日子的。

现在我们经常说“刻在鼻子上”这句话，想一想这也是从古代刻痕记事得来的。当然，并不是指在鼻子上刻痕，这个鼻子指的是木棒。

代替说话的东西

如果我们想真实地了解古代结绳、贝壳等记事方法，的确不是一件容易的事。在古代，还有比这样的方法更直接明了的表达方式。例如，一个部落要对另一个部落宣战，可以派人直接把代表战争的弓箭或者战斧送给对方。这样带有挑衅的意味，相信每一个人都会明白的。要是想和另一个部落和解，就要送一些烟草和烟管，以示诚意。

烟管在印第安人的心目中代表着和平。当几个部落的酋长聚集在一起的时候，他们会在篝火旁围成一圈。首先由一个酋长点燃烟管，吸一口后依次传给另一个酋长。这样传了一圈，预示着他们将和平共处，团结一致。

当人们还不会写字的时候，他们就用各种物品来表达心中的想法。古代住在俄罗斯南部的斯基泰人就给邻国送去了一封特殊的信。这封信包括一只鸟儿、一只田鼠、一只青蛙和五支箭。

这封信的意思是这样的：你们能像鸟儿一样在空中展翅翱翔吗？你们能像田鼠一样钻到地下吗？你们能像青蛙那样跳跃吗？如果这些都不能，那请你们不要挑起战争。如果你们的脚胆敢踏进我们的领土，我们就会用箭把你们射死。

和那个时候的信相比，我们现在的书信是多么好理解啊！当你在一个阳光明媚的午后收到了一个邮包，打开一看，里面竟然是一只死青蛙或者其他莫名其妙的东西，你会是一种怎样的心情呢？

你一定会以为这是哪个无聊人的恶作剧。其实，这是一封非常重要的信件。当时人们还没有发明纸、笔，还不会写字。不得不说，即便这样，当时的人们也是很聪明的。发明出现代的书信，这个过程是相当漫长的。

在古代，人们用一些事物来代替说话。用一根烟管来代表和平；用一根长矛来代表战争；用一张弓来代表攻击。这样的表示方法简单明了，比较容易懂。几千年之后，人们才学会用纸来说话。

图画文字

很久以前，人们发明了用各种各样的方法来记事和通信。直到我们使用了纸上记事，就把以前的那些方法都摒弃了。

人们是怎样学会写字的呢？

这可需要历经一个漫长的过程。刚开始，人们采用图画的方法写字。就是画一头鹿来表示“鹿”字，画几个猎人和一只野兽来表示打

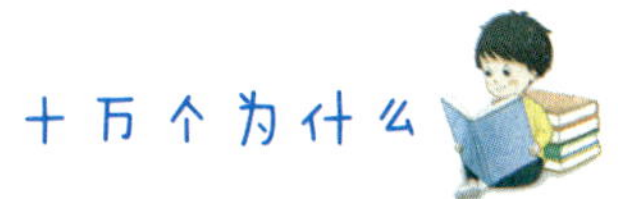

猎的“猎”字。

人类绘画的历史非常悠久。当人们还在山洞里居住的时候，就在山洞的墙壁上雕刻出精美的图案。在山洞里居住的多数都是猎人，因此他们的绘画大多是狩猎的场面。他们对于事物观察得非常细致，所以绘画出来的野兽都生动鲜明、活灵活现。

可是，这些绘画到底有什么价值呢？

这是原始人的信仰，他们都认为野兽是自己的祖先。有些印第安人认为自己的祖先是野牛，因此部落就以“野牛”来命名。有些人认为狼是自己的祖先，就以“狼”来给自己的部落命名。如果那些在岩洞中绘画的猎人们也认为野兽是自己的祖先，那么，那些刻在岩壁上的画像就应该是他们的祖先或者是他们心中的崇拜者。

当然还有一些表示其他意义的绘画。你看，岩壁上刻画着一头野牛，它的脊背上还被刺进一根长矛，旁边还有身中数箭的一头鹿。这样的一幅画表示的是什么意思呢？难道是为了引诱野兽而使用的一种符咒吗？的确是这样。即使是今天，仍有一些部落的大法师还在采用这种方法。他们用黏土制成敌人的模样，然后将弓箭刺进人像的身体。

原始时代距离我们已经有几万年，我们与原始人的相像之处很少。从原始人的头盖骨看，他们倒是与猿猴的头盖骨很相像。在那个时代，他们都在想些什么？值得庆幸的是，他们在岩壁上的绘画给我们留下了探索的依据，为我们能更好地了解他们提供了真实的材料。

这些岩壁上的图画还不是用来记事的文字，不过，它们与真正的图画文字已经很近了。

谜一样的文字

在埃及古庙和金字塔墙壁上雕刻着神秘的图画，许多专家们苦心研究多年，想弄懂那些画的意思。

每一个行业人的画像都有自己的特点，我们能很容易看懂。例如，抄写员的画像是他们的手中都拿着本子，把笔夹在耳朵上；商人的画像是正在叫卖首饰、烧饼等货物；正在吹制玻璃杯的一看就知道是玻璃工匠；正用金条做首饰的就是首饰匠；战士们的画像则是手拿盾牌，正在法老王的銮驾前阔步前进。看完这些画像，你对当时的社会状况是不是有个大概了解了呢？

我们能完全理解这些生活图景的画面，可还有很多奇奇怪怪的图形和符号，我们却无法真正理解它的含义。

在埃及人的石碑上出现的图案有人、动物，还有植物。你看那正在打坐的、将双手举过头顶的人；你看那画着猫头鹰、狮子、鹅、鸟头的动物图案；你看那画着荷花、棕榈叶子的图案；你看那还有正方形、三角形、圆形等图案；真是形形色色，不计其数。

这些象形文字虽然都是一种令人难以理解的语言符号，可在它的背后却描述着埃及不同民族的历史和风俗，是一部记载埃及历史进程的长卷。尽管后来的学者们刻苦钻研这些古老的文化，可仍然不能完全理解这些象形文字所寄寓的真正内涵。

科普特人是古埃及人的后裔，他们也在努力做着这项工作，可有时候也同样束手无策，因为他们早已经不使用老祖先的文字了。

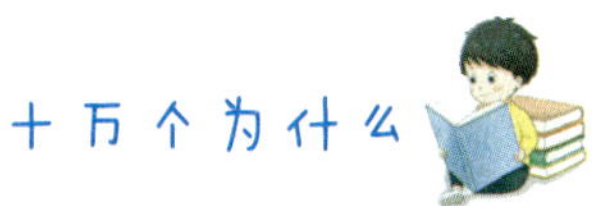

后来，人们终于把象形文字的秘密揭开。

1799年，法国士兵遵照拿破仑的命令在埃及的罗塞塔城挖战壕。没想到他们竟然挖到一块石碑，上面刻着两种文字：希腊文和埃及文。

学者们此时惊喜万分，他们以为这是一个重大的发现，象形文字的秘密也许就此揭开。可是他们高兴得太早了，当他们拿着两种文字进行对比的时候，却意外地失望了。

他们以为眼前的就是图画文字，每一个图画表示一个字。于是，他们就把每一个图形和希腊字母进行对照。结果却和他们想的相差甚远。

二十三年后，法国的学者商博良有了新的发现。他发现在有的象形文字外面围着一个框子，这和希腊文有相似之处。因为在希腊文里也有围着框子的字母，那些字母都写着法老王托勒密的名字。

难道那些象形文字不是图案而是字母？这令商博良茅塞顿开。也许框子里的字就是“托勒密”的意思，也许还有别的可能，这有待进一步研究。

令人高兴的是人们在淮利岛上发现了一座尖石塔，它是方形的，上面用两种文字写的碑文，而且有的文字也带着框子。这令商博良喜出望外，他立刻认出了自己已经熟悉的字母。他将字母对应符号，便得出了一个人的名字。

商博良拿出两种文字进行比对，他发现凡是相同的地方都是“克娄巴特拉”。根据这种情况，商博良推测出那些框子里的符号代表的是字母。于是，他成功地辨认出一个字母。

然而，用这些字母去理解那些不在框子里的象形文字，却完全解释不通。为什么会这样呢？这个问题直到多年后人们才弄明白。原来，埃及人只用字母写名字，对于其他的象形文字，埃及人还有别的书写方法。

埃及的象形文字就和一幅画一样，其中藏着一个谜。其中的符号代表着不同的意义。有的代表一个字，有的代表一个字母，有的还代表一个缀音。

其中的一幅画里就藏着一个个谜团，需要我们逐一解开。例如，有的图形表示缀音，像“пар”“воз”和“ах”；有的表示整个字，如“естb”和“книга”。需要特别注意的是“естb”这个字，图上画的是一个人在吃东西。实际上，它表示的意义不是“吃”，而是“有”。

有的字找不到合适的表达方法，埃及人就会用其他的表示方法来代替。例如，想表示“甲虫”，埃及人就不用元音，而是用“хпр”来表示。当他们表示“是”字的时候也写成“хпр”。因此，他们在表达“是”字的时候就直接画个甲虫。

很久以前，埃及人也和印第安人一样，首先用图画来代替文字，后来慢慢演变，图画变成了象形文字，然后渐渐变成了字母。

为什么会发生这样的变化呢？

这是因为人类社会的生活发生了变化。当象形文字出现的时候，埃及人不再从事游猎的生存方式，已经开始进入耕作和畜牧时期。随着时代的进步，又出现了手工业和商业。

在这样的时代背景下，从事畜牧生产的人也学会了更简便的表示牲口数量多少的方法。他们不必把所有的牲口都用图画来表示，只需要用符号来代替就可以了。商人们也不需要把所有的货物都画下来，他们可没有那么多的时间。他们只要选择合适的符号来代表每一种货物就完全可以看明白了。

这样，也就出现了属于私有财产的标记。

于是，用图画表示文字的方法逐渐被符号所代替。在埃及人的文字里，出现了很多和图画相类似的文字。我们再看波斯人和巴比伦人所写的文字则是由一些线条组成，已经看不见图画的痕迹。

波斯人和他们的邻居巴比伦人发明了一种写文字的方法，那就是用一根小棒在黏土板上写字。与其说写字，不如说刻字。是的，他们就这样刻字，刻出了楔形的笔画，这种文字被称为“楔形文字”。

学者们花了很多的时间和精力来研究这种楔形文字，可是却一无所获。就在他们对此快要失去信心的时候，出现了重大的转机。

德国学者格罗特芬热衷研究楔形文字，由于没有可以相互对照的两种文字的碑文，因此遇到了很大的困难。不过，他还是克服了困难，成功地解释了楔形文字。

格罗特芬对波斯王的墓碑进行了细致的观察，他发现有几个字重复出现了多次。于是，格罗特芬进行了大胆的猜测，他假设这些字的意思表示的是“波斯王”或者和它的意思差不多。那么写在“波斯王”前面的就是他的名字，像“居鲁士波斯王”这样。其中有一个写在石碑上的名字是用七个楔形符号写成的。

格罗特芬对波斯历代国王的名字都非常熟悉，像居鲁士、大流士、泽尔士等。于是，他用这些名字逐一地和石碑上楔形文字相互对照、替换。

“大流士”这一国王的名字，在古波斯文的写法是“Даривущ”，正好与这个字的字母个数一样。于是，他就判断出这个名字就是“大流士”。就这样一一对照，格罗特芬顺利地掌握了七个楔形文字的字母。

通过研究另一个名字，他又破解了几个对于他来说非常重要的字母。当时，有一个字母不认识，不过他通过对整体名字的猜测，得到了一个名字“泽尔士”。

在此期间，商博良的研究工作也并未停止。格罗特芬和商博良都从国王的名字上找到的线索，这真是巧合。

研究还在继续，格罗特芬陆续又掌握了其他一些字母。他按照自己推测，在每一块墓碑上国王名字的后面都加上封号，像“大流士，大王，万王之王，波斯国君主，众民族之王”等。这样，想读懂楔形文字就不是难题了。

就这样，波斯文已经不是秘密。

可是，波斯人并没有发明楔形文字，是他们从巴比伦人那里学来的。

巴比伦人同古代所有的民族一样，都只会画画，根本不懂写字。起初，他们在泥砖上刻画，这样刻起来很不方便，所以每一个图形都带着棱角。在画圆的时候就更加困难，甚至将圆形化成了方形。过了一段时间后，就不用这些图形代表整个字的意义了，而只是表示一个字的第一个缀音。

后来，波斯人逐渐对楔形文字进行了改造，楔形文字演化成了字母，变得更加简单易懂。

几千年后，直到商博良和格罗特芬破解了象形文字和楔形文字的秘密之后，人类才能读懂这谜一样的图画与文字，才能更好地领略来自遥远时代的各种有趣的事物。在此，我们不得不由衷地赞叹：商博良和格罗特芬真是难得的人才，他们的贡献永载史册！

赫梯文的出现无疑给人类又出了一道谜语。虽然出土了大量用赫

梯文刻成的石碑，可人们依然无法破解其中的玄妙。一万三千多座石碑出现在土耳其的波加兹科伊村，上面的文字是巴比伦楔形文字和赫梯文。

当时，学者们对于巴比伦楔形文字已经有所了解，但对赫梯人却一无所知。直到后来，另一种赫梯文字的出现，他们才略微看懂一些，那是表示手、脚、头、野兽和弓箭等的象形文字。

学者们没有放弃对赫梯文字的研究。终于，在 1916 年，研究工作有了突破性的进展。一位布拉格的赫罗兹尼教授终于读懂了这种象形文字，而且，他能够连贯地朗读赫梯文字。

原来，有六种赫梯文字。其中一种与欧洲文字很像，非常接近俄文。赫罗兹尼不仅能读懂赫梯文字，而且还对赫梯民族的历史有了更多的了解。在几千年以前，东方已经有六个民族在使用赫梯语言。他们建立起强大的国家，这令埃及和巴比伦也都十分敬畏。

字母的旅行

图画文字经过长时间的演变逐步转变成为字母文字。不过，在中国，他们还在使用象形文字，中国人使用象形文字的时间要比我们早很多。像纸、火药、瓷器、印刷术……在我们还没有听说这些东西之前，中国人却已经在使用了。

不过，我们也并不是完全不使用象形文字，它在我们的生活中还经常出现。道路旁一只指示方向的手、电线杆上的红色箭头、毒药瓶上骷髅头和枯骨的标志，等等。这些都是用象形文字在表示一个意思。

如今，中国人仍然在用象形文字书写，要是想把它转化成拼音文字，那可就是一个大工程了。因为中国文字有一字多意的现象，像“日”字，它可以有多种意义，如“太阳”“日子”“白天”“每天”“逐日”，等等。像“书”字，它可以理解为“书本”，也可以理解为“信件”，还有“公文”和“宣言”的意思，有的时候还可以理解为“写”，当作动词用。

再举个例子，像“木”字，它是一个象形字。我们观察这个字，如果你把它倒过来看，特别像一棵树。要是将两个“木”写在一起，它的意思就不是两棵树，而是一个树林的“林”字。要是将三个“木”写在一起，它的意思就是指更多的树木，意思为树木繁茂的大森林。如果将“木”字与其他字符组合在一起就会成为另一个象形文字，表示与树木有关的各种东西。

中国古代的象形文字与它表示的意义是一致的。例如“日”字，它表示的意义是太阳，那么它的象形文字就是在一个圆圈里面画上一点。再如“月”字，它的写法就是画成形似镰刀的一弯蛾眉月。

后来，中国人将象形文字进行了简化，这样书写起来能更加方便。简化后的汉字就很难直观辨别出人、星、日、月等图画。

如果想从我们的俄文字母里找到象形文字的影子，那可是一件更加困难的事了。学者们为了证明我们正在使用的字母是从表示某种意义的图画演变过来的，他们不放弃任何一个线索，努力探索字母从图画演变的过程，为此付出了艰辛的劳动。

字母经历了环球旅行，从一个国家到另一个国家，最后来到了我们俄罗斯。如果你想了解它的旅行过程，我们可以打开地图看一看。

埃及是字母的发源地，是埃及人最先用字母来表达他们的意愿的。

可是，字母的表现方法也是有限的，比如想要表示姓名，那该怎么画出来呢？图画并不能表示出所有的事物。

印第安人想要表示“大海狸”这个名字，他们就会画上一只海狸。如果想要表达“бородин”这个姓，该怎么画呢？“бор”的意思是“松树林”，“один”的意思是“一”。这样将一个姓名分成两部分，就画上一排松树和一个表示“一”的线。如果让你猜，你会不会猜到呢？这幅画就像一个字谜。

刚才这两个姓名能用事物表达出来，可要是姓名和事物没有任何联系，又该如何表达呢？例如，“彼得”或者“伊凡”，怎么画？这是不是遇到一个难题了。于是，在这种情况下，就产生了字母。埃及人在几百个表示整个词和缀音的象形文字之外，又加入了二十五个字母，这是字母真正的开始。

他们的表示方法变得更简单，实践起来也更加可行。单音字在他们的语言之中是很多见的，像“ро”就是“嘴”的意思，“цуи”表示的是“席子”，“бу”代表的是“地方”，等等。后来，单音字的意义也有了延伸。例如，“嘴”的象形字在表示嘴的基础上，还表示字母“р”。“席子”的象形字在代表席子的基础上也代表了对应的字母“ц”。就这样依次延伸，象形字被用来当作了字母符号。

但是，埃及人对用字母写字的方法似乎还没有完全适应，他们往往在字母的旁边还要加上表示那个字的图画。当他们写完表示“书”的字母后，还要在旁边画上一本书。写鱼的时候就在字母的旁边画一条鱼。

埃及人为什么这样做呢，难道是因为还没有习惯使用字母？不仅仅如此，还有另外一个原因。那是因为埃及的语言和中国的语言一样，在字符的书写上有很多相处之处。为了能够更好地加以区分，就在每一个字符的后面加上一个“意符”，这样就能明白要表达的意思了。例如，“鱼”和“书”的图画就是一种意符的表现。

埃及人在书写的时候只写辅音，不写元音。意符的出现，就避免了很多错误。如果我们和他们一样也不写元音，那么我们也需要想出各种办法来顺利地完成阅读。

你也许会认为埃及人在发明字母的时候也就出现了整套字母，其实，并不是这样。在他们神庙的石壁和纸卷上，我们可以看到象形文字，它表示了各种各样的意思。有的表示整个字，有的表示缀音，有的却是一个完整的字母。它们表示的意思都很明确，没有相互干扰之处。

发明全套字母的是埃及人的对手，也就是他们的仇敌塞姆人。大约在四千年前，塞姆人中有一个叫喜克索的部落，他们从东方阿拉伯侵入尼罗河流域，把埃及征服了，并统治了埃及一百五十年。

喜克索人在埃及的诸多象形文字中挑选了二十个，并对这些象形文字进行了加工，变成了简单的字母。

你们之中一定有人看到过那些图形字母。我们每个人都读过那些琳琅满目的带着图画的读本。在读本上，我们看到了字母“A”旁画着碧绿的大西瓜；字母“Б”旁画着一面鼓；字母“B”旁画着一把叉子。当然，还画着很多其他的东西，它们都是以字母“B”作为开头的。你们有谁想过怎样表示“baбa”这个字吗？是否也想到用两面鼓和两个西瓜去代替呢？

喜克索人就想到了用这个办法。他们创造出一套拼音方法，共有二十一个字母，里面有房子、有牛，等等，可以说是应有尽有。当然，这些图画都是从埃及的象形文字里借鉴来的。

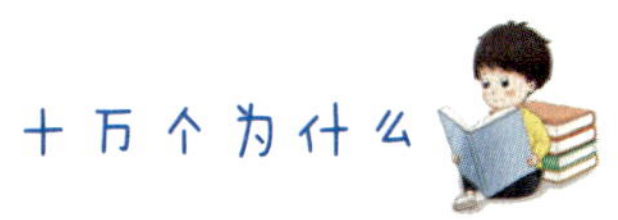

最早的字母就在喜克索的王宫诞生了。

后来，埃及人终于将喜克索人赶跑了，结束了被异族统治的历史，重新获得了自由。从此，喜克索人建立的国家也就在世界上消失了。

但是，他们创造的字母却永远流传了下来，通过地中海沿岸的国家传到了埃及以东的大片区域。塞姆族人、腓尼基人、犹太人，虽然他们在从事不同的行业，却都在使用着喜克索人的文字。

航海和海上贸易是腓尼基民族特别喜欢和擅长的，他们经常在希腊沿海、塞浦路斯岛、直布罗陀海峡进行航行和贸易往来。凡是来到一个陌生的地方，他们都会把船停在岸边，将所有的货物都一一摆放好，像项链、宝剑、战斧、玻璃茶杯、金质酒杯，等等。

他们这样做的目的是和各地区进行物品交换，不仅交换毛皮和布匹，还有奴隶。在进行贸易往来的同时，他们还把字母传播到地中海沿岸各个国家和民族。通过不断地接触，凡是和腓尼基人做生意的就学会了使用字母。后来，由于腓尼基人居住地的转移，字母又被传到了他们在希腊的殖民地。

不过，需要强调的是这可不是从埃及传来的字母。腓尼基的商人每天都忙于生意，哪有时间去画那些各种各样的图画啊。像牛、蛇、人头、房子等，这些看起来比较简单的图画也都变成了最简单的符号。

腓尼基字母不远万里来到希腊，在希腊停留了几个世纪，为希腊字母的诞生奠定了坚实的基础。接着，它们又来到了意大利，直到来到我们俄罗斯。

字母在进行不停的演变。在意大利，希腊字母慢慢变成了拉丁字母。当在北方的时候，它成为斯拉夫字母的基础，后来它又变成俄罗斯字母。这就是字母来到我们俄罗斯的经过。

西里尔和美多德是希腊塞萨洛尼基城中的传教士。在公元9世纪，他们决定到摩拉维亚的斯拉夫民族中去传教。

在出发前他们要做好准备工作。由于传教的需要，首先必须要做的就是把希腊文的圣经译成斯拉夫语。可是，斯拉夫人还没有属于自己的字母，这可怎么办呢？西里尔和美多德只好自己创造斯拉夫字母。

他们创造的这些字母，有的来自希腊字母；有的来自希伯来犹太字母；有的是他们自己创造的。在这些字母中，希腊字母占的比例较多。他们在创造字母的时候大多采用上下两部分相结合的方法。

斯拉夫字母的普及受到了日耳曼教士传来的拉丁字母的强烈排挤。在摩拉维亚和西方的其他地区这两种字母进行了你死我活的斗争。日耳曼教士坚决反对使用斯拉夫语布道，结果在做弥撒的时候使用了拉丁文，尽管它晦涩难懂，可还是打败了斯拉夫语。

就这样，败下阵来的斯拉夫字母只好在行囊里跟随教士来到了基辅罗斯。它们不得不到南部斯拉夫去寻找自己生存的一线生机。

在经历漫长的一千年后，“西里尔字母”才成为我们现在使用的俄罗斯字母。

当然，它经历了演变的过程。在彼得一世时期，他命令停止使用斯拉夫字母，要使用新的“市民通用字母”。他觉得“市民通用字母”比斯拉夫字母更加简单、美观。相比之下，斯拉夫字母显得更加烦琐古怪。就这样，经过反复的对比，终于决定放弃所有的旧字母，开始使用新字母。

但是那些新字母在使用的过程中也逐渐被废除了一些。

“历史书和工艺书籍是用活字印成的，可在这些书籍中还没有发现黑体字。”这是彼得一世在字母帖的封面上写的话。

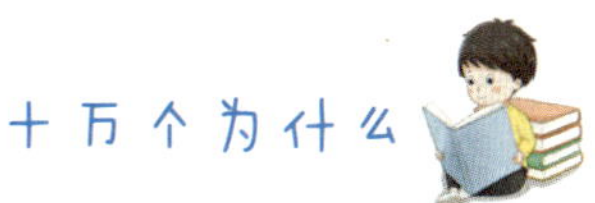

虽然新字母看起来更加简单、美观，可在使用的过程中也需要一个逐渐适应的过程。

特烈奇雅可夫斯基是著名的学者、诗人。他曾经说过：“在刚刚接触新字母时，俄罗斯人认为这很别扭，特别是那些莫斯科的老年人在读这种活字印刷的书籍时，更是觉得困难重重。”

在埃及字母经过长途旅行来到我们俄罗斯，其间历时四千年，沿途经过了腓尼基、希腊和保加利亚。在旅行的过程中，它们也经历了形状的改变。有的字母本来面向左边，改为了面向右边；有的字母由原来的站立变成了卧倒的姿势。有的字母甚至还变成了倒立的形状。

在它们的旅行中，乘坐过腓尼基人的用三十支桨划的船；在奴隶后背上纸草纸卷的圆筐里蜷缩过；在传教士的行囊里云游天下。在颠沛流离中，它的伙伴们有的走散了，也有新的伙伴不断加入。几经辗转，经过漫长的旅行生涯，它们终于来到了俄罗斯。此时的它们早已经变成另外一副模样。

你若想找回它们的本来面目，这可就不那么简单了。你要把埃及的象形文字、喜克索文字，以及腓尼基、希腊、斯拉夫和俄罗斯的字母，通通放在眼前，相互比照研究，才会有所发现。

通过细心的观察，你会发现字母的有趣之处，而且你会不知不觉产生各种各样的疑问。例如，牛头上的角为什么倒长在下面了；为什么有的字母像个角；有的字母像眼睛；有的还会画成波浪形呢……而且新字母的书写方向都发生了变化，与原来的字母都是相反的。

为什么会出现方向完全相反的情况呢？这很好理解。因为古代腓尼基人在书写的时候是从右向左写的，而我们是从左向右写。

希腊人在最开始的时候，也学习腓尼基人的写法，从右往左写。后来他们做了改变，第一行从右向左写，第二行又从左向右写。渐渐地，他们发现这样写很混乱，看起来也不方便。于是，他们全部改为从左向右书写，我们也就采用了这样的书写方法。希腊人在改变书写方向的同时，也将字母的方向给完全改变了。

这就好比一列火车，经过长时间的不断调试，终于朝着一个最合适的方向缓缓驶去。

为什么人们会觉得从左向右写要比从右向左写更合适呢？难道从哪个方向开始写结果会不同吗？

你们知道中国人最早的书写方法吗？他们不仅是从上向下写的，而且每一页的字都是从右向左排列。一个个复杂的象形字被他们写得很快，而且还加上了合适的标点符号。对于他们来说，这好像很容易，因为他们已经形成了这种书写习惯。现在，他们也采用欧洲人的书写方法了。之前我看过一本中国的书，是最近出版的，字序是从左向右，而且也是横版。

埃及人在书写时和中国人最早的书写方法相同，也是从上向下写的。

在当时，抄写员都习惯左手拿着纸草纸，右手写字。于是，为了书写时左手不碍事，他们就从右边开始写。写着写着，他们发现这样写存在着一个很大的问题。那就是刚刚写过的一行字还没有干，当写第二行的时候，写字的手就会碰到没有干的墨水，会把写完的字涂抹掉，弄得字迹模糊一片，看着也不整洁。不过，这个问题在中国人那里可以避免，因为他们的墨水干得很快。而埃及人用的墨水就没有那么好，是由烟炱、植物胶、水混合在一起做成的，干得就很慢。

为了解决这个问题，埃及人也把竖着写改成了横着写。你看，写字的时候，右手在纸上从左到右慢慢地移动，即使是刚刚写过的字还没有干，也不会被碰到。

不过，那种从右写到左的写法也没有被完全摒弃，它作为一种老习惯一直被保留着。一直到希腊人改变写法的时候，也就是他们开始上一行从右向左写、下一行从左向右写的时候，这种方法才停止。

在欧洲，他们选择了从左向右的写法。在犹太人以及许多其他的民族，他们都还喜欢从右向左的写法，而且一直到现在还在使用。

埃及象形文字不仅从希腊向北来到了我们俄罗斯，也从希腊向西去往了意大利，并在那里发展为拉丁字母。它在全世界得到了广泛的传播，我们这里介绍的只是它传播的一条路线。

字母来到了印度，来到了暹罗，来到了亚美尼亚，来到了格鲁吉亚，来到了中国的西藏，最后到达了朝鲜。在全世界的文字发展史上，埃及象形文字立下了卓越的功劳。

二　不朽的书

不朽的书

对人类文化做出极大贡献的字母，不仅流传于世界上各个国家和民族，还有自身独特的传播途径。字母从随处可见的石头上来到了纸草纸上，又跳跃到蜡版上，再从蜡纸上来到了羊皮上，最后又落在了纸上。

一棵树，长在肥沃的土地上还是长在干旱的土地上，再或者是生长在黏土里，它们枝干的样子是完全不同的，字母也是如此。它从石头上转移到纸上，形态自然发生了转变。石头非常坚硬，不容易刻画。字母在石头上的笔画是笔直而且僵硬的，在纸草纸上书写时就有了些许的弯曲和线条美。在蜡版上书写时弯曲的形状有点儿像现在的逗号，在黏土上书写时就变得千姿百态了。字母在不同的书写材料上的形状自然是不同的，即使是在相同的材料上，形状也会发生改变。

我们看几行写在不同材料上的文字，它们是在不同的时间被人写下来的。书写在石头上的字，是人费力气刻画上去的，整齐而又坚挺。在蜡上写的字，受材料的影响，是曲折的。而把文字写在羊皮上就容易多了，笔画比之前流畅自然。这些文字看上去差别很大，其实都是拉丁字母。写法不同，书写材料不同，其形状也就产生了很大的差异。

我们可以在各种材料上写字。虽然我们现在习惯于用铅笔和纸来写字。但是在铅笔被发明之前，我们只能用其他的工具，如木棍、石头等。铅笔的历史并不是很久远。在五百年前，铅笔还没有被发明出来。那时候，上学的孩子们就拿着一块涂过蜡的板子。他们将板子放在自己的腿上，用一根小棒子在蜡版上刻画字母和文字。这样的方法在那个时代是很普遍的，但是现在我们看，真是麻烦极了。

原始人是没有文字的，如果他们想记述一件事情，就采用绘画的方式将其记录下来。文字的发明无疑是人类文明史上的巨大的变革。发明文字与写字都是一件极具挑战的事情。当人们开始写字的时候，他们就会思考，怎样写，写在什么样的材料上。

在人们刚开始写字的时候，并没有现在的纸和本子。那他们写在哪里呢？聪明的人类充分利用生活中的每一件物品，竭尽所能将文字“书写”下来。树叶、石片、兽皮、骨头都成为书写的“本子”。人们用一块尖尖的石头或骨头在上面刻画出一些容易书写的文字和符号。

无论是写在动物的骨片上，还是写在石头上，这些写字的方法很多都被后人沿用，而且沿用的时间还比较久。传说，《古兰经》的作者穆罕默德就把里面的文字写在了羊的肩胛骨上面。在民主制的希腊城邦里，召开全民大会时，人们将自己的意见写在破碎的陶器上。一块碎片就相当于一张投票。

再后来，纸草纸出现了。但是纸草纸的费用太高，大多数人是消费不起的。一些作家因为经济拮据而用不起纸草纸，只能把容器摔碎，在碎片上写字。据说在希腊有这样一位贫困的作家，由于买不起纸草纸，就把家里所有的容器都变成碎片，在碎片上完成自己的创作。

这样的事情不仅是作家在做，身处埃及的罗马人也在利用陶器的碎片来记录生活中的琐事。因为纸草纸的价格实在昂贵，数量又少。在很长的时间里，人们都使用陶器碎片来记事。

如果说纸草纸数量少，那么随处可见的树叶和树皮就是书写的好材料了。其实人们在使用纸草纸之前，就已经用树叶和树皮记事了。印度盛产棕榈，人们经常把棕榈叶子当作“纸”来使用。人们通过针来写字，并把棕榈叶子装订成册，以书的形式展现在人们面前。他们先把叶子压平，裁剪成同样的大小，用线缝起来，最后在书的边缘用染料染色。这样，一本书就呈现在我们的面前了。

在如今，一些丛林部落依然有人用树皮来写字。比如白桦树皮、菩提树皮，都是很好的书写材料。

现在我们已经不用骨片、陶器碎片和树叶树皮写字了，这些书大部分都被保存在博物馆里。但是，现在的人们仍在使用一种古老的写字方法，就是在石头上进行书写。

石头书有着源远流长的历史，可以说是年龄最大的书了。现在的人们发现，远在几千年前的埃及，神庙和陵墓的墙壁上就出现了各种各样的石头壁画。这些壁画上讲述的故事也一直流传到现在。

在遥远的古代，在石头上写书是很难的。一是因为石头非常的坚硬；二是因为石头的重量非常大，一本书就达到几十甚至几百普特。想把一本拿回家阅读，或者送给他人，都是非常不方便的。除非你能随身携带一个起重机。

于是人们就在思考，能否有一种物质代替石头作为书来供大家使用。人们也试图在寻找一种轻盈、便捷又结实的材料。

人们首先想到了庙宇、宫殿中常见的青铜板。作为装饰建材的青

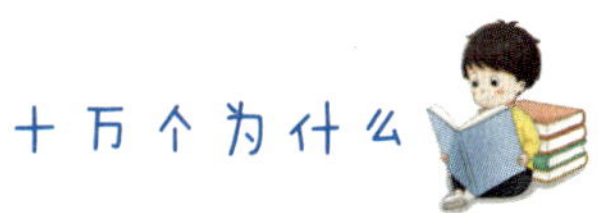

铜板可以用来写字。可是如果把青铜板铺在地上或墙上，就只能在它的一面写字。要想让青铜板的双面都有文字，只能把它悬挂起来。

法国有一个名字叫布卢瓦的城市，在那里有这样一座教堂。教堂的大门是由青铜筑造的，以一本书的形状展现在人们的面前。爱丁纳伯爵与当地市民签署的条约就在“书”上雕刻着。条约的内容是市民们要为伯爵的城堡砌上一堵坚固的城墙，同时伯爵要保证市民有权利征收酒税。几百年过去了，当初的酒和酿酒的人都不复存在。可是见证历史的那一本“书”依然停立在布卢瓦。

重量大，不易搬运无疑是石头和青铜作为书的一个缺点。然而最影响使用的原因是它们太坚硬了，人们很难往上面写字。如果想写字，不得不用凿子或者锤子来雕刻。如果你是一位作家，就得拿起凿子花费很长的时间，才能写完一页的内容。

在当今时代，人们在薄薄的纸上轻松地写字，携带也很方便。但是纸不容易被保存，也很不结实。聪明的人们又开始思考，世界上是否存在着容易书写、又容易保存的材料来当作书呢？

古巴比伦文明发源于幼发拉底河和底格里斯河的美索不达米亚平原。那里的巴比伦人和亚述人在很久之前就已经发现并使用了这样的物质作为书来使用。

亚述的都城原来在尼尼微城，英国人雷雅特在尼尼微城旧址发现了亚述人过去的图书馆。说是图书馆，却看不见一张纸。因为在这一座特殊的图书馆内，每一本书都是由黏土制成的。

黏土是怎样变成书的呢？亚述人把水和黏土混合成泥，将黏土泥堆成砖形。专门负责抄录的人用尖头的小棍在黏土砖上划下一笔一笔的痕迹，然后把小棍按进泥砖，又快速取出来。这种刻画文字的方法速度比较快，不一会儿，一个个整整齐齐，大小均匀的楔形文字就被留在黏土砖上了。

为了将泥砖保留下来，巴比伦人和亚述人将泥砖送到火炉里烧制，就像制作陶器一样。现在的图书行业和制陶业看似没有任何关联，在遥远的古代它们可是有着密切的联系呢。

人们把泥砖放在阳光下暴晒，接着去烧制它。这样，黏土泥砖就变得坚硬了。这样的黏土书和石头书一样结实，容易保存。但是有时候，粗心的人也会把它打破，这时候一本书就分裂成好几块。即使是这样，人们也可以把碎片拼接起来，并不影响它的使用。

至于尼尼微图书馆的黏土书碎片，现代的专家和研究人员可是费了很大的力气才把它们“复原”。在图书馆内，碎片的数量达到三万块之多。专家们将几十块或者是几百块碎片拼成一本书。

我们现在的书都是一页挨着一页，可以翻开阅读。但是黏土做的书是不可以这样装订成册的。黏土做的书必须标记好书的名称、页码和顺序，要不然阅读的时候就太麻烦了。

黏土书的每一页都按照顺序排好，书上也都有尼尼微图书馆的印记，以此证明这是馆内的珍藏。

图书馆内的书，种类丰富，数量也很大。无论是亚述人的战争经历，还是英雄史诗，或者奇闻逸事、鬼怪传说，你都可以在这里找到。诸如吉尔伽美和朋友们的故事、国王和外族人打仗的故事、女神伊西塔解救丈夫的故事，等等。这些奇妙的故事都在黏土书上被保存到现在。在古巴比伦文明时期，亚述国王很喜欢读书。晚上，会有专门为国王读书的仆人去图书馆取书。那时候的仆人地位很低，实际上就是奴隶。他们为国王读着图书馆里的黏土书。那些神秘动人的故事，让国王感

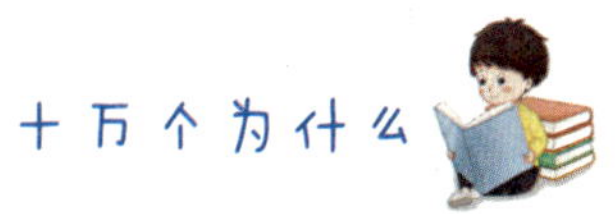

到十分放松。

亚述人是非常有智慧的。他们用黏土做成书，然后又想办法在上面盖上一些图案，就像现在的印章。他们用宝石做成圆柱形的带有图案的印章，当签署契约或者是记述一些重大事件时，就把印章在黏土书上滚动。这样，印章上的花纹或者图案就留在了书上。

一直到现在，依然存在这样印刷图案的方法。用滚轮印刷的方式可以印布匹上的花纹。

从古文明时期保留到现在的票据或签订的合约中，都有印章留下的痕迹。并不单单是印章，还有不识字的人在旁边用指甲划下的痕迹，充当自己的签名。

带书

用石头和黏土制成的书已经让人大跌眼镜了。在遥远的埃及，古埃及人发明了一种带书，和现在我们知道的书有着很大的区别。

带书，顾名思义，就是用一条长长的带子做成的书。这条带子不是由布或者丝绸做的，而是由纸做的。带书的形状有点儿像我们现在编制的席子。人们将许多细长的纸条编制起来，形成一个个网格，长度可达到一百米。带书的制作材料很独特，制成的纸顺滑有色泽，呈现微微的黄色，有点儿像现在的蜡纸，也很容易破损。

带书上的字不是按照一行行排列，然后从头写到尾的。为了方便阅读，书上的内容分成了许多段落，每一段都集中在带书的某个特定位置上。这样，在阅读的时候就不用为了一段文字，从东跑到西了。

埃及人利用身边独特的地理位置，将盛产于尼罗河岸边的植物“纸草”制作成带书。这种纸草长相怪异，根茎细长光滑，还有像刷子一样的东西长在顶部。

对生活在尼罗河旁的埃及人来说，纸草就是他们亲密的伙伴。他们的生活与纸草密不可分。写字的纸是纸草制成的，吃的食物，喝的饮品，身上穿的衣服和鞋子，甚至是河边的小船，都是利用纸草制成的。纸草对埃及人的衣食住行都产生了重大的影响。虽然这纸草形状并不美丽，但这种博爱的、宽容的植物，却养育了勤劳的埃及人。

几千年过去了，我们仍可以清楚地知道古埃及人制作纸草纸的过程。这一切都归功于当时的一位作家，是他为我们记录下这份珍贵的资料。

首先，人们先用工具将纸草长长的秆分成足够宽的长条，然后将长条放在有尼罗河泥水的桌子上。由于泥水有一定的黏性，纸草条能够被粘起来，就像现在的一页一页纸的形状。这张桌子需要有一定的倾斜角度，使泥水能够从高向低流淌下来。一张纸草纸粘好之后，人们将上下裁剪整齐，在其上横着放上一条纸草条。这种形状有点儿像交织在一起的经线和纬线。

人们利用这样的方式做完一张又一张纸草纸，然后用一块重重的物体压在这些纸草纸上，使其变得平整。接下来是放到阳光下暴晒，最后再用贝壳或者骨头等摩擦纸草的表面，使其变得光滑而便于书写。

人们根据纸草纸制作原料的不同，将纸草纸划分为不同的等级。上好的纸草纸是由纸草秆的内芯制作的，这种纸的大小和现在我们使用的笔记本没有太大的区别。

在古埃及人心中，纸草纸是神圣而尊贵的。人们用它来抄写经书，

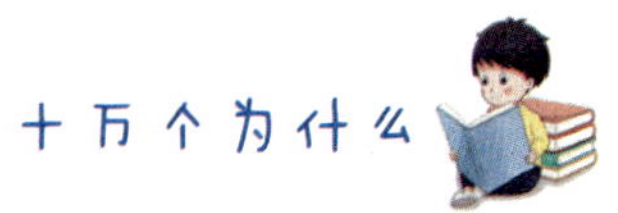

因而被称为“圣纸”。

古埃及人把纸卖给了古罗马人，古罗马人又根据纸草纸的质量，将其分成了众多等级。古罗马人十分尊敬本国的国王和王后，因此最高级的纸是以皇帝奥古斯都的名字来命名的，稍差一点儿的是以王后名字命名的“莉薇娅”纸。在这下面还有许多等级，最低级的是用来包装货物的“商人纸”，这种纸是不能书写的。

由于这种纸草纸的原料来自尼罗河，为了接近原料产地，人们在亚历山大建立起一座非常大的造纸厂。这座造纸厂的规模超过了那时世界上所有的造纸厂。工人们将制作好的纸草纸，一张张粘在一起，像一条长丝带，这就是带书。带书的长度最长可以达到一百多米，在当时非常畅销，甚至从非洲来到了亚洲。

我们应该怎样来阅读这长长的带书呢？聪明的埃及人想出了智慧的方法，他们将带书的一端粘在顶部雕刻国王人像的棍子上，将带书绕着棍子卷起来。人们在读书的时候，左手握住棍子，右手试着打开带书。这时，你的双手必须都派上用场才行。带书实在是太长了，如果你想要摘录一部分内容，或者是快速查找自己需要的部分，真是一件不容易的事。

将长长的卷轴卷起来的方法直到今天还再沿用，它可以保护纸张不受损坏。

将纸草纸卷成卷确实是一个便于阅读的方法，但是也存在着很大的弊端。一卷纸草纸上很难写下整本书的内容。如果你要想阅读一本书，你就要翻阅多卷纸草纸。外出时书包里装着一本书，在火车上自由地阅读，在当时是遥不可及的事情。那时候，人们将卷好的纸草纸放进一个大桶里。难不成你还要背着一个大桶外出吗？如果你是富人，

或许可以考虑雇佣一个仆人来帮你完成这件事。那个时候也是有书店的，一卷一卷的纸草书被放置在书架上，人们可以去挑选自己喜欢的书籍。

古罗马、古埃及的人们是用什么笔往纸草纸上写字呢？那个时候是没有铅笔和钢笔的。人们就地取材，选择一根细细的芦苇秸秆，准备好红色和黑色的颜料，也就相当于墨水了。古代埃及有一种工作是图书抄录。负责这份工作的抄录员需要随身携带相关的工具，是一块带有三个凹槽的板子。其中长的凹槽放“笔”，剩下两个小一点儿的凹槽放“墨水”，这种工具相当于现在的文具盒。如果你今天来到圣彼得堡，在艾尔米塔什博物馆你还能看到这种文具盒。此外，抄录员还需要带一个杯子。

至于墨水，也是很多年后才被人们发明出来的。那时的墨水是由烟炱和水以及阿拉伯树胶做的。这样的墨水有一点儿的黏度，不会滴在纸草纸上，也很容易被抹去。假如抄录员写错了字，用一块沾了水的海绵擦拭，字就会消失。如果没有海绵，用舌头舔一下也会有同样的效果。海绵就相当于橡皮的作用。

在古罗马时期，有一位皇帝叫卡利古拉，他喜欢在宫廷里举行写诗的比赛。据说，贫穷的诗人们最后都得用舌头来舔掉自己创作的诗歌。

如果你想用芦苇秆制作的“笔”写字，就要想办法使“墨水”从芦苇秆中流下来。如果墨水流不下来，就没有办法连续性地写字。像我们今天使用的钢笔，笔尖处有一个小缝隙，钢笔水可以从缝隙流下来。所以人们在芦苇秆的一端削出一条缝来，而这条缝的宽度是有很高要求的。如果你想让写出来的字，笔画粗一些，缝隙就宽一点儿；

要是想让字的笔画细一些，那缝隙就窄一些。但是你一定要小心，笔杆的缝隙不能太大，别把笔杆削成两半。

如果你去埃及旅游，必定要去的一个名胜古迹就是金字塔。走进金字塔，你会发现它的墙壁上面记录了很多古代文字抄录员的故事。那时候，人们没有钢笔，没有笔记本，更没有电脑。那些年轻的抄录员们，为了抄录方便就坐在地上，左手握着卷成卷的纸草纸，右手握着芦苇秆制成的笔，将故事一笔一笔记录下来。

考古学家发现一种现象，埃及的金字塔或者庙宇的墙壁上的象形文字是工工整整的，而纸草纸上的文字却显得很凌乱。为什么会出现这样的现象呢?

原来，金字塔或者庙宇墙壁上的象形文字是人用凿子一点儿一点儿刻上去的，刻一个字需要很长的时间。而在纸草纸上写字就容易得多，一分钟能写几十个字。每个字的笔画就不能像象形文字那样工整了，所以就出现了笔记凌乱、笔画简化的现象。

如果你是在神庙里工作的祭司，你就不能把字写得很乱。你要带着对神灵的敬仰和虔诚，认认真真地写好每一笔。所以祭司们往往都追求字体的美观，而社会上的普通人则是以一种随便的态度对待书写这件事。

因此，我们今天在埃及的文化典籍中发现了三种字体，即象形体、僧侣体和普通百姓的大众体三种。

蜡书

在电灯还没有被发明出来的时候，人们通常使用蜡烛作为照明工具。现在人们在生活中也经常使用蜡烛，对它也是非常了解的。你知道吗？蜡也可以做成书的。只不过蜡书遇着火会融化，它像纸草纸一样不太好保存。

实际上，蜡书的使用时间是非常长的。由古希腊发明出来的蜡书直到法国大革命时期还被人使用着。

我们看流传到现在的蜡书，它的尺寸和现在的迷你笔记本差不多，并不很大。形状和相框类似，在一块长方形板子的周围留下一圈空白，中间涂抹上黄色或者黑色的蜡。

那么，蜡书是怎么装订成册的呢？人们将每块板子的一侧打出两个小孔来，用绳子将几块板子串在一起，这样就形成了一本蜡书。那时候的人非常聪明，他们为了不让蜡上的字受到破坏，第一块和最后一块板子是没有蜡的。这就相当于我们现在图书的书皮，对书里的内容进行了保护。

书上一定是有文字的，那蜡书上的文字是怎么“写”上去的呢？人们为蜡书发明了一种特殊的“笔”。这种笔是不用墨水的，它实际上就是一根小棍。这根小棍的一头是尖尖的，另一头则是钝的。人们需要写字时就用尖头的那端在蜡版上刻画，一旦写错了，就用钝的那头把错字抹去，像我们现在使用的铅笔的形状。看来，铅笔的原型在古希腊时期就出现了。

在历史上的很长一段时间，人们为了方便，是不用笔在蜡版上写字的，而是直接用指甲在蜡版上留下痕迹。古希腊时期的法官会用指甲在蜡版上刻下自己对案情的态度，如果划下一条稍微长一点儿的线条，则表明他认为这个人有罪，需要受到惩罚。反之，如果是划下一条稍微短一点儿的线条，则表明这个人无罪，不需要受到法律制裁。每个案件的结束，法官的指甲里都会留下很多蜡。

由于蜡的价格很低，因此蜡版的成本并不高。蜡纸是大多数人都能够买得起的物品。人们经常使用蜡纸来记账、做算术题、写信。然而同一时期纸草纸的价格却是很高的，因为纸草书需要从埃及运送到罗马，路途遥远，只有正式的书籍才使用纸草纸。

蜡纸有一个其他纸没有的优点，就是蜡纸可以重复使用。当你写错字的时候，可以把错的地方用钝头的小棍抹平，继续写字。或者当你收到别人的蜡纸信的时候，你可以把原来的文字抹去，写上自己给对方的回信。这样，一块蜡版可以使用多次，大大降低了人们写字的成本。

在蜡版上写字的笔，尖的一头用来刻字，钝的一头用来擦去错误之处。所以那时候流行一句话："一位优秀的作家总是把笔倒过来使用。"这句话是什么意思呢？如果你总是把笔尖倒过来，用钝的一头多修改自己的文章，那么文章就会更加精彩，你慢慢就会变成一位好作家。

事物总是具有相对性，最大的优点有时也就是最大的缺点。蜡版上的字是可以被人涂抹和修改的，这是它可以反复使用的优点。但是，在另一个方面来说，人们可以轻松改动蜡版上的文字，也成为一个令人担忧的问题。如果你要邮寄一封重要的信件，你不得不担心，信件

内容被别人做出修改。人们为了保护自己的信件，想出了一个主意：在自己写信的蜡版上面再涂抹一层蜡。在表层的蜡上写上几句祝福和问候的话。当你收到这样一封信时，要把表层的蜡刮下去，才能看见真实的内容。

我们知道雕刻在石头或者墙壁上的字笔画整齐、规范。但是写在纸草纸上的字，由于书写速度加快而变得潦草。那写在蜡版上的字呢？因为蜡很软，所以写在蜡版上的字，笔画歪歪扭扭，也不是非常好看。至于那些从古罗马流传下来的蜡版上的文字，除非你是一名专家或研究人员，否则你是很难辨认出上面的文字是什么。如果你不相信，你可以用家里的蜡和木板做一块蜡版，用小棍在上面写字试一试。然后你就会发现，想要在柔软的蜡版上把字写得清楚工整，是一件多么艰难的事情。

生活在过去的小学生是没有现在便宜的铅笔和笔记本可以使用的。那时候的学生上学需要自己带蜡版。人们在处于吕贝克城的圣詹姆斯教堂发现了过去学生们的蜡版、笔和小刀，还有教师用来打学生手心的小木棍。过去的学生，基本上都挨过老师打。挨打是学生的家常便饭。

一千年前的拉丁语教材中，记录着这样一段老师与学生的对话。学生说：“老师，我们想学习拉丁语，请您教我们吧。”教师说：“学习可是要挨打的，你们不害怕吗？”学生回答说：“与害怕被打相比，我们更害怕活在无知的悔恨中。”后来，这段话一直延续到了现在。

在使用蜡版的年代，蜡版的使用范围是非常广泛的。从学校里的小学生到社会上的商人和工人；从穷人家的孩子到富人家的公子和小姐；社会的各个阶层都会使用蜡版来写字。不过在蜡版的使用上也是

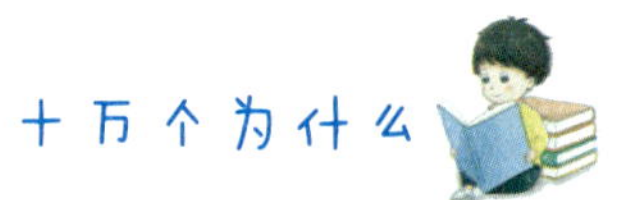

可以看得出贫富差距的。有钱人使用的蜡版是用上好的紫檀木和象牙制成的；而穷人家的蜡版是由常见的山毛榉木头制成的，此外还需要铁丝来帮助木板不变形。另外，穷人蜡版上使用的蜡的材质也没有富人的纯净。

在当时被百姓广泛使用的蜡版，现在已经无影无踪了。随着时间的流逝，蜡版早已经化为了尘土，或被人扔到垃圾堆，或被人当作木材生火了。即使你再有钱，也很难买到几千年前古罗马人使用过的蜡版了。

经过这么漫长的时间洗礼，能保存到现在的蜡版的数量是非常非常少的。现在找到的蜡版是从一位庞贝城银行家的家里找到的。庞贝城曾经发生过一次重大的火山爆发，距离它很近的赫库兰尼姆城也同样遭受了“袭击”。我们能看到遗留到现在的蜡版，还得感谢那次火山爆发让物品得以保存。

除了蜡版之外，专家们还从赫库兰尼姆城遗址中找到了古罗马人的纸草纸卷。几千年的时间就这样匆匆逝去，而一场火山爆发则变成了漫长岁月的一个小小的剪影。时间从来不会为任何人驻足，它就像海边涌起的浪花，让沙滩上的痕迹慢慢消失不见了，正如人们擦去蜡书上的字迹一样轻松。

皮书

和纸草纸同一时期的还有一种书，它就是皮书。当纸草纸迎来了它的鼎盛时期，羊皮纸的出现无疑是对纸草纸的一大挑战。相传在很古老的时期，牧人们就在动物皮上写字。又经过了很长一段时间，开始有人用动物皮制作皮革品，然后越来越多的人发现原来动物皮是可以写字的，羊皮逐渐变成了羊皮纸。

关于羊皮纸有这样一个故事。在埃及的亚历山大有一座图书馆，馆内收藏了将近百万卷纸草纸的书卷。埃及的托勒密王朝的法老们都对这座图书馆保持着高度的关心。在很长一段时间里，亚历山大图书馆在世界上都处于优势地位，居世界第一。但是，令法老意想不到的事情发生了。小亚细亚的帕加马图书馆逐渐取代了亚历山大图书馆在世界的地位。法老坚决不允许这样的事情发生，于是他发布了法令，严禁向亚洲输送埃及的纸草纸。

这样一来，没有纸草纸的帕加马国王只能想其他的办法来制作图书。他下令让全国的工匠制作羊皮纸，用羊皮来解决没有纸草纸的难题。于是，帕加马在当时成为世界上最大的羊皮纸工厂。

因为发源于帕加马，所以羊皮纸的最开始的名字就和它的产地有关。它叫作“帕加曼”。

羊皮纸有其独特的优势，是纸草纸难以匹敌的。纸草纸容易损坏，不方便携带，而羊皮纸就容易保存得多了，它可以经受住多次折叠。你也可以把它随意剪裁成任何想要的形状和大小。但是羊皮纸的特点人们一开始是并不知道的，在习惯了卷成纸卷的纸草纸之后，人们也习惯于将羊皮纸卷起来。后来，人们发现了羊皮纸不易破损的特点，就把它裁剪成大小、形状都相同，然后将这些一页页的纸用线缝起来。这样，就形成了最早的真正意义上的一“本”书。

我们来讲一讲羊皮纸是怎么做成的。你可能会说，羊皮纸就是羊的皮制成的。其实，不只是羊皮，牛皮也可以制成纸。但是无论是山

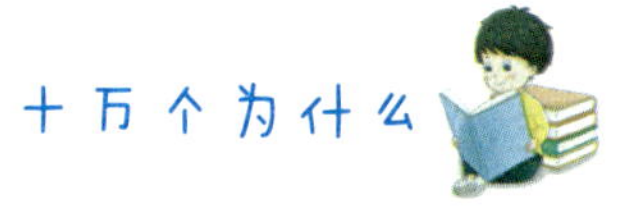

羊皮、绵羊皮还是牛皮制成的纸，人们都把它们统称为羊皮纸。首先，你需要割下羊皮，把它浸在水里，吸水后的羊皮会变得更柔软。接着用刀将皮上残留的肉去掉。之后再用灰汁浸泡羊皮，这样可以快速去掉皮上的毛。最后，分别用白垩和浮石摩擦羊皮的表面，我们就得到一张光滑的、浅黄色的羊皮纸。这样得到的羊皮纸已经是很薄的了。

羊皮纸也是分等级的，越薄的羊皮纸价格越高。上好的羊皮纸究竟有多薄呢？如果你把它卷起来，你发现可以把它放进一个小坚果的壳里。西塞罗是古罗马有名的政治家、雄辩家，他曾说自己见过非常小的一张羊皮纸，但是上面却写下了《伊利昂纪》的二十四首诗。

工匠们把一整张羊皮剪成规整的正方形或者长方形，人们再把这样的一张羊皮纸对折两次，使之变成四张小羊皮纸。如此反复对折几张相同尺寸的羊皮纸，把它们都装订到一起，就成了一个羊皮纸本子。在俄文中，人们把本子叫作“тетрадь”，其实就是源于古希腊，一张大纸对折两次形成四页，就叫作“四开”。像这样从希腊传播到其他民族的词可真是不少呢。

我们现在就可以了解到，人们为什么在最初把写字的本叫作“四开”了。同理，根据折叠的次数不同，人们使用的本子还有八开、十六开，等等。

除了不容易损坏和可以折叠装订之外，羊皮纸还有一个优点。羊皮纸的双面都可以写字，而纸草纸只能单面写字。这样，一张羊皮纸可以写下的字比纸草纸就多多了。最初，人们把羊皮纸用来写草稿。作家们把自己的草稿写在羊皮纸上，把定稿写在纸草纸上。羊皮纸并没有一下子在全国普及，而是经历了一个漫长的过程。在纸草纸与羊皮纸并存的时间里，作家们的文字先是出现在蜡版上，然后到了羊皮纸上，接着又到了纸草纸上，最后才变成人们看到的书。

随着时间的流逝，埃及的纸草纸能运输到其他地区的数量越来越少。再后来，阿拉伯人占领了埃及，纸草纸也就不对外出口了。纸草纸的地位完全被羊皮纸替代，但是这种胜利并不令人可喜。因为几百年前，由于外族入侵，古罗马帝国灭亡了。战争摧毁了一切，城市不再繁华。智者越来越少，甚至认识字的人也微乎其微。在这样衰败的情况下，即使有大量的羊皮纸，也很少有人往上面写字。

在罗马还没有灭亡时，国家里有很多书商，也有很多为书商抄书的抄书坊。那时候还没有印刷术，如果书籍想要传播只能通过人来抄写。但是罗马灭亡后，这些抄书坊也不复存在了，只剩下王宫里的抄写员和寺庙里的僧人，一个抄写着外交公文，一个抄着经书。

这些寺庙大都处于偏僻的地方，十分清静。僧人们为了抄写经文，把自己关在房间里不出来。他们心态平和，认认真真，一笔一画抄写着。他们使用的笔大多是芦管笔和羽毛做成的笔。那个时候，鸭毛笔与鹅毛笔成为时尚。

人们为使用羊皮纸发明了一种特殊的墨水。羊皮纸不同于纸草纸，它的厚度比纸草纸要大。纸草纸的墨水使用到羊皮纸上时，很难留下清晰的字迹。所以人们为牛皮纸发明了特殊的墨水。这种墨水是由树胶、绿矾、没食子汁混合而成的。用在羊皮纸上很容易上色，用水也很难洗掉。

虽然这种墨水在当时已是质量上乘，但还是不如我们现在的墨水。古时候的墨水，写出来的字一开始是灰色的，慢慢才会变成黑色。而经过现代工艺制作出来的墨水写出来就是黑色的。因为经过不断地研究，人们在制作墨水时，加入了很多化学物质和颜料。

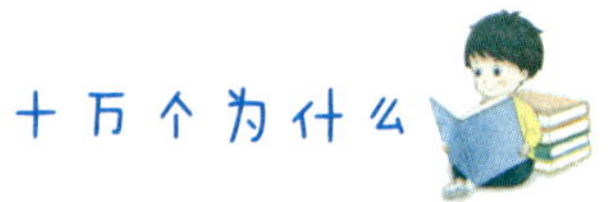

寺庙里的僧人在抄写经文前，需要做很多准备工作。为了保证经文的美观，僧人们在纸上用铅条和直尺画出浅浅的线。有了线条，写出来的字就会整整齐齐。僧人们使用的铅条是用皮套包住的，这样会很方便，又不会弄脏手，这和我们现在的铅笔很像。画有线条的纸就是我们今天笔记本的雏形。

在正式书写之前，僧人们还要进行祷告，以示自己的虔诚，祷告完毕才开始抄写。如果这位僧人会画画，他就会将开头的第一个字母以图画的形式展现，很多抄写员都采用画画的方式。他们画出来的东西奇形怪状，你根本猜不到。比如，长着翅膀的动物、长着尾巴的飞鸟，或者是狮身人面的怪兽。抄写员们发挥自己的想象，将字母画了下来。

人们进行书写时还会使用红色、绿色等其他颜色的墨水。开头的字母一定是与其他字母有区别的。古时候的人们把开头的字母用红色墨水去书写，这是他们文字书写的规范。到了现在，即使都是黑色墨水的文字，人们还把每段的第一行文字叫作“红行”呢。

古代与现代文字书写的格式是有很大区别的。现在我们在书写时，新的一段的首行要空两个格。而古代，抄写员们在抄写时，第一行要顶格写。甚至第一行的长度要比其他行更长才行。僧人们在抄写经文时，有时候会用图画的方式画好开头的字母，有时候则把开头的字母空出来，留给别人去画，而他们就继续往下抄写其他的内容。

中世纪的抄写员在进行抄写工作时，并不完全追求速度，而是要保证抄写内容的准确性。他们在抄写时，尽量把速度放慢，确保每一个字都是正确的。为什么他们这样小心翼翼呢？因为在中世纪，书籍上的文字都是拉丁文，可是会拉丁文的抄写员并不多，所以经常会出现抄写拉丁文的人并不认识拉丁文。只有慢慢写，才能把那些自己根

本不懂的字母正确抄写下来。事实上，尽管抄写员们非常细心，在抄写的过程中还是会出现很多错误。如果抄错了字，就立刻用小刀把错字轻轻刮下去，再写上正确的字。

现在学生们使用的小刀是可以折叠的，你可以把小刀放在自己的文具盒里。但那时候抄写员们使用的小刀，就是一个树叶形的刀片。刀刃很宽，也不能把它折叠。羊皮纸的制作成本是很昂贵的，你现在见到的一本羊皮书实际上是很多只羊的皮制成的；一本牛皮书，也需要很多牛皮制成。抄写员们为了节省纸，必须把字写得很小才行。或者把一些字母简化，以缩写的形式呈现，比如“человек”就被抄写员们简化成“чк”，“люди”被简化成“лю”，“Иерусалим”被简化成“Им”，这样一张羊皮纸才能写下更多的内容。

偶尔会有商人或者是伯爵为了祈求神灵保佑，捐一些羊皮纸给寺庙。

一位虔诚的僧人若想要抄完一本五百页的书，大概需要花费一年的时间。可他并不觉得这是一件苦差事，内心的信仰支撑他年复一年、日复一日地抄写。尽管他的双眼因疲惫而干涩，后背也疼痛难以挺直。但他始终相信只有不停地抄写才能减轻自己的罪孽，圣塞巴斯蒂安在天上看得清清楚楚，他抄写了多少字。为了不下地狱，摆脱魔鬼的控制，他只能抄写着，抄写着。

时间在一分一秒地流逝，也不知这位僧侣究竟有多深的罪孽。他一刻也不停歇，一支芦管笔，始终在羊皮纸上书写着。每每他想休息的时候，魔鬼就在他耳边提醒他过去的罪孽。另一个僧侣曾经给他讲过这样一件事：魔鬼总是爱扰乱僧人们的抄写工作。他们化作老鼠，在僧人们抄写时打翻墨水瓶，或者爬到僧人们的手上。反正，不让僧

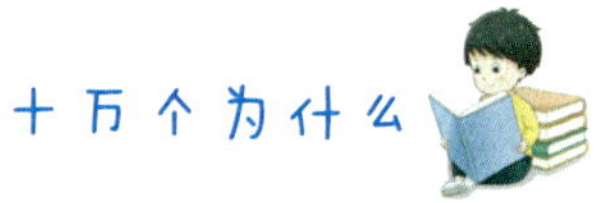

人们好好抄写就是了。

等到一本书终于被抄完的时候，僧人翻开了这本羊皮书。每一页都开满了鲜花，洋溢着芬芳。纸上跳跃着的蓝色的、红色的字母，正如僧人激动的心情。

这位辛苦的僧人，名叫恩多吉努斯。恩多吉努斯没日没夜地抄写。夜晚睡不着时，他便点一根蜡烛，伏案抄写。窗外呼呼的风刮过，就像有人在哀号。芦管笔、鹅毛笔在羊皮纸上走过，有一个信念始终支撑着他，等到他离开人世的那一天，天堂的使者会算清他抄写的字数，以此洗刷他的罪孽。在一本书的最后，恩多吉努斯写了这样几句话：愿我抄写过的每一个字，都能帮助我脱离苦难。愿上天能够原谅我所犯的错误，让我升入天堂。

罗斯的僧人们实际上就是当地的抄写员。僧人们使用的芦管笔和羊皮纸都是从拜占庭运来的，所以它们的价格很高。僧人们干着辛苦的抄写工作，除了需要笔来写字外，还需要一种毛刷子。僧人们独具匠心，把每段开头的字母以美丽的图画展现出来，再刷上金色或者红色的颜料。从羊皮书上，你可以看到各种飞禽走兽、花鸟鱼虫，变成形态各异的字母。文章的标题通常用细线、花纹紧紧画在一起。

这些僧人是没有劳动报酬的。至于那些发工钱的抄写员，是在几百年后才出现的。后来的抄写员，他们的工作不是为了向神灵请求保佑或是洗净罪恶，而是为了挣钱。如果有人让他们抄书，他们就可以获得一笔报酬，以此提供生活来源。

随着时代的进步，识字的人们越来越多，看书的人自然就越来越多。经济的繁荣也让书籍走进了市场。在市场上流通的不仅是福音书，还有小说和故事书。人们可以在书店里轻易就找到自己想要的书。

区域间贸易的发展拓宽了抄写员的工作范围。很多抄写员不仅抄写书，还抄写商业的信件。随着工作内容的增加，抄写员注定不能像僧人们一样对每个字都仔仔细细地书写。他们追求高速度，尽快完成自己的工作。我们看到更早那些标准的字体，被龙飞凤舞的行书代替，再后来抄写员的字就变得更加凌乱。他们的笔快速在纸上运动着，字母的形状也时常发生变化。

抄书人都非常的幽默。他们在抄完福音书和祷告书后经常在书的尾页加上几句十分俏皮的话。在抄书人眼里，抄书既是一场修行，也是一种营生。

有一本德文的祷告书，在书的尾页上，抄书人留下这样一段话：今年是耶稣降生后的 1475 年，今天是圣托马斯节后的第 12 天。我是苏黎世城的抄书人约翰·赫凡尔。福斯那契耶稣会马尔丁教士托我抄写这本书，愿上帝保佑马尔丁教士的父母、家属以及全部市民的灵魂，愿上帝保佑我。

还有的抄书人会在书的最后写道：书已抄完，请尽快付费。

说了半天羊皮纸，那你知道羊皮纸制成的书是什么样的吗？

羊皮本来就有一定的重量，比我们现在的纸要厚得很多。人们将一张一张的羊皮纸装订起来。为了防止羊皮纸上的内容被破坏，人们就为羊皮书做了封面。这种封面前后都有，里面是一层布，外面是厚厚的纸板。这种装订方式现在还存在着。如果你仔细思考就会发现封面的尺寸要比羊皮纸的尺寸大一些，这样是为了更好地保护书页。

你还会在书脊上发现书轴。书轴的作用是什么呢？原来，羊皮纸的装订需要将一页页的书缝起来，在书脊的一侧就会出现很多的线头。这样是很不美观的。所以就设计出书轴，将线头隐藏起来。

此外，书籍封面的四角还会用铜皮包裹起来。用线缝起来的羊皮书稳定性较差，书页总是七扭八歪的，所以人们在书的封面设计了“锁”。在合上一本书的时候，你必须把锁锁上，书页才能整整齐齐。这样，一本书的外形就好像一个箱子。

从书的封面也是可以看出贫富差距的。国王和贵族的书要比普通百姓的书精致得多。丝绒、金银、宝石都被有钱人放到封面上。这种金光闪闪的书，是富人的专属。除了封面，内页上，富人的书也会有更豪华的装饰。现在我们可以看到几本那时富人的书，羊皮纸不是浅黄色，而被染成绛红色。墨水不是黑色，而是金色或者银色。几百年过去了，书和字都已不复当年的颜色，但是曾经的繁荣还依然在眼前浮现。

从羊皮到成书，一本羊皮书的制作经过了漫长的过程，需要几个人共同完成。第一个人处理新鲜的羊皮，第二个人将羊皮打磨光滑，第三个人抄写，第四个人专门画开头字母的图画，第五个人为书的内容画插图，第六个人校对内容是否有错误，第七个人将单页的羊皮纸装订起来。这样，一本书才真正做好。寺庙里的僧人有时候也可以完成整个过程。

现在我们每个人的书架上都有很多本书。书店里、图书馆里也有各种各样的书，喜欢的书很容易就可以购买到。但是在几百年前，一本羊皮书的价格实在是太高，很少有人能负担得起。即使买得起一本书，也买不起几十本书。

当时的图书馆为了防止书被人偷走，就把书用铁链子拴在桌子上。一直到18世纪70年代的法国，在巴黎大学的一座图书馆里还保存着这样的书。

在过去，“课”的本意就是读书。学生们没有书，只能听着老师讲，并做好记录。所以老师“讲课”，学生“听课”就是从那时候出现的。

正如纸草纸被羊皮纸替代，羊皮纸最后也被另一种纸替代。

最后的胜利者

中华民族是一个了不起的民族，勤劳的人们通过自己的智慧发明了造纸术、印刷术、火药、指南针和举世闻名的瓷器。这些东西的发明和使用都领先欧洲很多年，这不得不令中国人感到骄傲和自豪。

中国的纸传入欧洲，经过了非常漫长的岁月。

公元 704 年，阿拉伯的国家实力非常雄厚。他们远征中亚细亚，并获取了撒马尔罕城的统治权。被征服的城市只能服从阿拉伯人的命令，把自己的珍宝献给了他们，造纸术就是其中的一项。阿拉伯人带着造纸术和其他的宝物回到了自己的国家。接着在他的统治地区办起了造纸厂，比如西班牙、叙利亚等地。在叙利亚有一个名为马姆比泽的城市，欧洲人习惯叫它巴姆比查。阿拉伯人在巴姆比查建造了造纸厂，这座工厂生产出来的纸都被运到了欧洲，同行的还有东方的香料、胡椒等物品。

现在俄文对纸的叫法有很大的可能性是由“巴姆比查”这个词转变而来的。那个时候的纸也分等级，最高等的纸是巴格达纸，一张巴格达纸是很大很大的。比巴格达纸小一点儿的还有亚历山大纸，再小一点儿的还有写鸽信的纸。尽管这些纸大小有区别，但是它们有一个共同的特点：制作原料里都有破布，如果你把它们举起来，在阳光下

看，你会看到在这些黄色的纸上有黑斑。再仔细看，说不定你还能看到其中的碎布头呢。

几百年后欧洲才有自己的造纸厂，欧洲人把造纸厂叫作“纸磨坊”。13 世纪的法国和意大利也逐渐建立起了造纸厂。

纸是可以记录历史的。如果历史学家无法通过文字记录来辨别事情发生的时间，他们就向纸本身请教问题的答案。历史学家把纸放在阳光下仔细查看，找到了造纸的时期，也就确定了书上文字发生的时间。因为总是先有纸，人们才能在纸上记录当时发生的故事。

历史学家把纸放下阳光下看，他发现了什么呢？

其中之一的就是造纸的工匠留下的水印，每一位工匠的水印都是不同的。除此之外，你还会发现纸上留下了工匠的名字和造纸的时间，就像是做记号一样。有的记号是人，比如手握重权的罗马教皇；有的记号是动物，比如狮子、鹿或骆驼；有的记号是建筑，比如寺庙；有的记号是妖怪，或奇异的生物。也就是说，纸上的记号总是不同的。

纸上的水印是怎么制成的呢？工匠先把纸浆倒入模具里。模具底部是铜丝网，而且这种铜丝是有图案的。有铜丝的地方，纸浆就要少一些，这里的纸也要薄一些。当纸制成之后，对着阳光看时，你会发现有铜丝网的地方更加透明，会出现带有图案的水印。

最开始的水印出现于 1301 年，那时的水印形状比较单调，就是简单的圆形。假如历史学家在纸上发现了这样的水印，他们就能轻松地辨别出纸的年代来。

14 世纪的时候在俄国出现了意大利制的纸。这种纸是由汉萨同盟的商人从诺夫哥罗德城运回来的。到了 16 世纪，俄国的造纸技术依然不太高超。有一位叫巴别里诺的旅行家，他在见过多个国家生产的

纸之后，这样评价俄国的纸：在俄国，即使你能找到本国制成的纸，你也会发现这种俄国纸用起来的感觉并不好，他们的造纸术还有待加强。

俄国的第一个造纸厂建立在莫斯科附近的乌奇河畔，但是这个造纸厂只开了很短一段时间就关闭了。至于什么原因，人们也无从知晓。

直到一百年以后，俄国人在帕贺尔河畔又建了一个造纸厂。这个造纸厂紧挨着面粉厂，以至于造纸的工人很多都来自隔壁的面粉厂。但是这座造纸厂存在的时间也不算太长。1657 年春天，山洪冲毁了帕贺尔河河堤，也冲坏了造纸厂，造纸厂只能关闭。后来，人们不得不在亚乌兹河附近再次建立起一个造纸厂。

在这个造纸厂里造出来的纸都是带有水印的大张纸。这个时候的水印形状比过去复杂多了。水印的形状和阿姆斯特丹市的市徽相似。但是你却不能清晰辨认出水印的图案究竟是狮子还是盾牌。由于当时荷兰纸在世界上是数一数二的，因此俄国造出来的纸在很大程度上是仿照荷兰纸制成的。

习惯了羊皮纸的人们怎么可能轻易地使用这种纸呢？在很长一段时间，羊皮纸依然占据着主要的地位。人们只是把纸当作演算纸和草稿，书籍用纸仍然是羊皮纸。但是随着造纸厂的数量越来越多，纸的数量越来越大，价格也越来越便宜，人们也就放弃了过去的羊皮纸而选择了后来的纸。即使纸的质量越来越好，但是由于这种纸比羊皮纸薄，人们还是担心纸会破掉，因此就在两张装订帖间加了一层羊皮纸。

时光缓缓流淌，造纸厂的数量越来越多，而羊皮纸也逐渐淡出了人们的视线。100 年后，想找到大量的羊皮纸成了一件难事。

出现这种情况是大势所趋。随着商品经济的繁荣，国家与国家之间，城市与城市之间来往越来越密切。不论是陆路交通还是水路交通，都出现了大批的商队往返于不同地区。货栈、市场、交易所和商人们都对纸产生了大量的需求。他们用纸来记账，作为支付凭据、写信，等等。在过去，只有僧人们识字，到了商业繁荣的时期，识字的人也更多了。因此，教书育人的学校也多了起来，各个地区都新建了学校。为了学习，年轻人纷纷来到有学校的城市。巴黎的塞纳河畔，学校聚集，现在人们还把那里叫作“拉丁区”。

学生们对学习是非常狂热的，他们总是保持朝气蓬勃、昂扬向上的精神状态。对他们来说，学习就是最有意义的事情，因此他们对书本的渴望是极其强烈的。一个学生就需要大量的纸来做书本和练习本。羊皮纸的价格对一个普通的学生来说实在太高，所以价格低廉的纸就成为学生们的最佳选择。

抄书的人员也就不限于僧侣了，那群年轻的大学生对这份工作更是乐此不疲。但是，大学生可远远没有僧人那份严谨。他们并不是抱着虔诚的心态，小心翼翼地写好每一个字。他们不在乎字迹是否整齐规范，对开头字母的设计也明显没有兴趣。有时候他们会画一个鬼脸，或者出于对教授的不满，把他画成丑陋的动物。

大学生们对后来出现的书司空见惯，根本没有敬意。上课走神或者闲暇的时候，他们把书当作图画本、草稿纸，在书上画个怪物或者写上几句抱怨的话。

在世界上的另一个角落，德国的美因茨城内，约翰·谷登堡正在欣赏他的“杰作”，那是他用印刷机刚刚印刷出来的书，也是第一本书。书的每一页字母的形状和文字的排列顺序都和手抄的像极了。唯一不同的是，印刷出来的字母更加整齐。一个个字母清楚地呈现在纸面上，

如同广场上士兵挺拔的身姿。

印刷机的出现引起了一场战争。是选用机器来印刷书，还是用人来抄写书，成为当时一个热议的话题。但是，毫无疑问的是，机器赢得了这场战争的胜利，因为机器的速度实在比人工快上很多倍。一本手抄需要几年的书，一台印刷机几天就可以完成。

尽管如此，人工并没有马上消失。在刚刚用印刷机来印刷书籍的时候，还有很多弊端存在，比如没有办法印刷大写字母。抄写员的工作就是把缺少的大写字母补上去，但是，抄写员的工作加大了印刷的成本。慢慢地，人们也不在意是否有大写字母了，原来大写字母的地方，现在都空了出来。所以，印刷的格式与手抄的格式有所不同。手抄的红行的长度比其他行长一些，但印刷的红行长度则要比其他行短一些。这就是因为少了大写字母。

这就是红行的演变过程，从手抄到印刷的变化。

现在我来为你讲一讲印刷机出现后发生的故事。

我们看现在的书，第一页叫作扉页，扉页上总是印着大大的书名。一开始，书的扉页上是没有书名的。随着印刷机的产生，人们才意识到应该在书的第一页加上书名。这是为什么呢？在一千五百年前，书都是抄书员手抄的，所以书的数量很少，客户基本上都是直接向抄书员订货，抄写的数量也是有限的。因此，抄书员不必刻意在扉页上写上书的名字。在抄写完正文以后，抄书员在书上留下当时的时间、地点和自己的名字，工作就算完成了。

后来印刷机出现了，书籍的数量激增。人们想看书不再需要向抄书人订货，而是可以来到书店里去挑选。书店里摆着琳琅满目的书籍，印刷商为了让自己的书尽快卖出去，就得想办法吸引顾客的注意。他

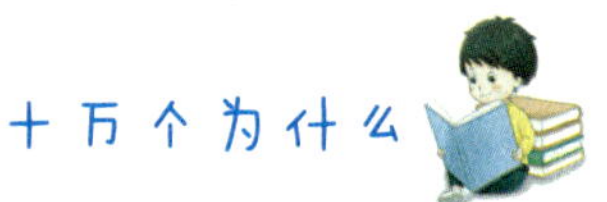

们在书的第一页上把本书的名字用大号字印刷上去，这样，顾客一眼就可以看见自己想要的书了。

所以，印书商就开始设计书的扉页。他们在扉页上印上书的作者、故事的梗概、出版的地点和时间以及印刷厂的名字。这样，人们通过看扉页就能够对这本书有了大致的了解。

书名的字号很大，占据了扉页的大部分。明显的书名一下子就能抓住顾客的眼球，把他的注意力吸引过去。

书店的老板会把书的扉页贴在门口，这样来往的行人就可以看见书店有哪些书。书的扉页这时候就成了书的广告。

你们知道书中的逗号是谁发明的吗？

逗号最早出现在15世纪到16世纪，最先使用逗号的是威尼斯印刷厂的厂主阿里德·玛努齐。此前，人们是不使用逗号的。书上出现的是句号和冒号这两种标点符号。阿里德玛努齐开始使用逗号，同时也把目录这种形式放进了书里。而现在页脚的页码，则是在16世纪出现的。

印刷机的出现引起了巨大的革命。不仅仅是书的本身发生了变化，买书的顾客也和过去有了很大的不同。在抄写的时代，请求抄写员抄书的往往是修道院的院长、神学家或者是贵族太太。总之，普通百姓是很少向抄书员约书的。

书籍数量的增多，使买书的阶层也发生了转变。人们想买的书不仅限于过去的神学，市民阶层和年轻的学生也会经常到书店里寻找自己感兴趣的书，比如小说、政论册子和编年史书籍，等等。虽然那些神学的书被好好地放置在书架上，但也在不知不觉中蒙上了灰尘。因为过去的神学书都是厚重的大开本，而印刷的新书都是方便携带的小开本。

在那个时代，罗马教皇统治着全国。除了大本的神学书，其他的书都不是正统书籍，所以小开本的政论册子并不十分安全。如果教皇把这种议论政治的书籍划入禁书的范围，那你就很难找到这种辛辣幽默的书籍，因为它可能在被发现之时就被销毁。

尽管如此，也没能阻碍印刷厂的老板印刷这种书来赚取利润。他们会想方设法来出售这种政论书籍。比如，在印刷《论自由》这本书时，即使书的内容中有一些对宗教不利的语句，他们也会在前言部分写上几句：圣约翰对这本书非常喜爱，在夜晚昏暗的灯光下认真阅读。

在俄国，印刷出来的第一本书也同样受到了僧人们的强烈反对。直到伊凡四世莫斯科才有了第一个印刷所。

伊凡四世这样说："莫斯科有着它独特的荣耀，在这个城市建立起了印刷所，图书数量的增加可以改变那些固执的僧人的想法。"

印刷所的地址就选在靠近克里姆林宫和商场的地方，即在尼古拉希腊寺院与别洛波罗德宫之间。印刷所的建筑是非常高大的，最上面的是高塔，高塔上装饰着双头鹰和两扇铁栅栏式的大门。

伊凡·费多洛夫和朋友彼得·姆斯季斯拉维茨共同来完成修建这座印刷所的工作。伊凡·费多洛夫博览群书，懂得很多知识，也曾做过雕刻工、彩画工、木工。他们为了顺利完成这份工作，整整忙碌了十年。一直到 1563 年，他们才成功地印出第一本书。

在物资极度匮乏的条件下，伊凡·费多洛夫通过自己的努力造出了印刷机。字模是自己造的，排版和校对也是自己来完成的。《使徒行传》就是伊凡·费多洛夫印出的第一本书的名字。

印刷《使徒行传》耗费了一年的时间，但这并没有影响其他类型

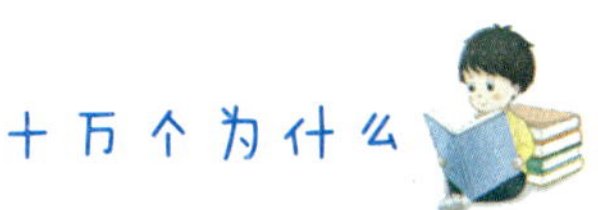

书籍的发行。印刷所的存在对一部分人来说是好事，但是对另一部分人来说却是一件坏事。

伊凡雷帝非常支持印刷所的工作，受到同样重视的还有他的特辖兵团。在伊凡雷帝的观念里，文字和兵器有着同样的力量，都能够用来打败敌人，打赢战争。

反对印刷所的是僧人和贵族阶层。在没有印刷机的时代，僧人们是抄书员。随着印刷机的出现，大多数僧人都因此失去了抄书的工作。他们也担心认识字的普通群众会越来越多。贵族们则是反对沙皇的一切举措。

有一个名叫夫勒拆的人当时住在莫斯科，他在日记中写道："僧人们对书籍的普及和百姓识字深恶痛绝，极力地反对用印刷机打印图书。他们认为沙皇的支持将导致国家发生巨变。"

战争结束前，夫勒拆又记录了另一件事："装有印刷机和活字的房子被烧毁了，一切都化为了灰烬。而这件事情，听说就是可恶的僧人们干的。"

印刷机被烧毁之后，伊凡·费多洛夫和彼得·姆斯季斯拉维茨去哪了呢？他们为了躲避当时社会上的祸患，只好逃去了国外。气愤的伊凡·费多洛夫在一本自己的书里留下了这样的文字："他们视我们为敌人，决不允许我们留在这片土地上，非要把我们赶出祖国，甚至去死，他们才甘心。"

或许一个人可以消失，可以死去，但是印刷术却不会消亡。

谁也不能阻止前进的脚步。时间又过去了几年，这个时候的莫斯科印刷术又开始普及了。

印刷书籍时，必不可少的就是纸。一本书会需要很多张纸，如果继续使用羊皮纸，书的造价简直太高了。所以人们放弃了羊皮纸，而选择了普通纸。

17世纪的俄国，人们对纸的需求量非常大。百姓看的书是纸做的，衙门里的文书、法令、记录等都需要纸来书写。纸越来越多，衙门里的案情也越来越多。随之而来的是“文牍主义”，严重影响了官吏办案的效率。

有一本从17世纪保留到现在的文书，记录了当时的情景：“文书堆成了小山，同一年的又被捆在一起。墙角里的文书已经受潮发霉，或者被老鼠啃食。由于文书实在太多，只能眼看着它们被破坏或者消失不见。过去的旧文书、法令和摘要，很难长时间保存下来。”

还有一位17世纪在俄国旅行的人，他为我们记录下当时衙门是怎样的景象：“我当时在衙门里，看见一间挨着一间的办公室。每间办公室的屋顶是拱形的，窗子给人的感觉简直像是监狱。衙门里的官员并不多，官职也不高。他们高矮胖瘦各不相同，但都整整齐齐坐在椅子上。他们时而打开文书，时而把文书卷成卷。官员们把很多张纸粘在一起，变成长条的纸。需要写字时就展开，不需要的时候就卷起来，很方便。”

那时俄国的纸大多数都是从荷兰进口的。直到1716年，彼得一世在杜泽尔戈夫建立了第一个造纸厂。1720年在伽列尔宫建立了第二个造纸厂。

俄国造纸厂造出来的纸是非常容易辨别的，看那上面的水印就能够知道是俄国纸。水印的形状是圣彼得堡的市徽。这种纸只在海军部以公示的形式向大家售卖。

印刷所印的纸数量越来越多，而当时造纸的原料之一就是破布。

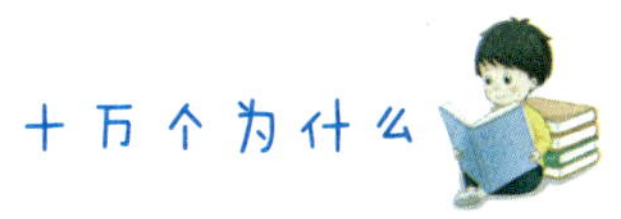

破布的量很难满足造纸所需的原料，所以人们就试图去寻找另一种原料来代替破布。后来，在多次验证后，人们发现木材也是造纸的好原料。

到了现在，人们已经很少用破布来造纸了。仅仅在造那些最高级的纸时，人们才会使用破布作为其中的原料。生活中的练习本、报纸等都是由木头来制成的。

纸的制作原料是破布和木头。仅从外观上看，你很难将纸与这两样东西联系起来。如果你细心观察，就会找到它们的联系。将一根火柴掰成两截或者从一块破布上抽一条丝出来，你会发现火柴截面和破布丝都是由非常细的纤维组成的。纸也是由这样细纤维组成的。将一张纸撕下来一块，在太阳光下或者灯光下，你就能看到它边缘处的纤维了。

我们来看一看造纸的过程。首先，我们将破布或者木头放在一个容器里捣碎，让其中的纤维都分离出来。再将里面的松脂、尘埃和一些杂质去除掉。最后将剩下来的物质均匀地铺成薄薄的一层，晒干后就成了纸。

纸的由来又是怎样的呢？

如果要从源头说起，就不得不提到破布。如果你有一件非常破旧的衣服，穿了很多年，已经不能再穿时，可能就会扔进垃圾箱。有人将这些破衣服按照棉布、麻布、印花布等分好了类，然后将它们送到工厂。

到了工厂，首先需要做的就是杀菌。因为这些破旧的衣服都是从垃圾箱、臭水沟等地方捡来的，杀菌这一步必不可少。于是，破布就被倒进了蒸汽锅里。

接下来，要把蒸完的破布晾干，再去除里面的灰尘。这项工作也是由机器来完成的。工厂里有专门用来敲打尘埃的机器，可以同时去除几百普特破布中的灰尘。想象一下，如果靠人工来敲打，那么多的破布将会产生多么大体积的灰尘，那场景简直是太壮观了。

去除掉灰尘的破布就变得干干净净。下一步，它们就被人们放进切布机里面。用不了多长时间，它们就从大块的破布变成碎布头。

破布里面的杂质又是怎样去除的呢？人们将碎布头放进一口大锅里，向锅里加入碱水或石灰水和碎布头一起煮沸。煮沸后的碎布就变成了白色。接着将其倒入另一个研磨的机器中，过一段时间就变成了纸浆。

这样，造纸的过程就进行了一半。这时，原来的破布已经变成了带有细纤维的纸浆。

最后一步，也就是最难的一步，就是如何将纸浆变成纸。这一步也是由机器来完成的。一系列机器组合在一起，人们将纸浆从这头倒进去，另一头就出现了纸。

我们来看一看这些机器都分别是什么。首先，纸浆进入了沉沙槽中。沉沙槽其实就是一个底部装有粗筛子的大箱子。纸浆从沉沙槽流过的时候，纸浆中残余的沙子就会沉到箱子的底部。这个过程是对纸浆的第一步过滤。

第二个机器是过滤器。过滤器其实就是一个内部有孔的、振动的鼓筒。纸浆流进过滤器中，经过不停地振动，其中的凝结物和硬块就会留下来。剩下干净的纸浆继续向下一个机器流下去。

纸浆流到了一张网上。这张网和我们所了解的中国古代造纸的抄纸帘很像。但这张网并不需要人去摇动，而是被绑在两个滚筒上，围绕着滚筒转动时就会带着纸浆向前运动。

接着，人们把还很湿的纸张从网上放到了呢毯子上，然后再从呢毯子上放到了滚筒里。滚筒内有蒸汽，可以将湿纸中的水分烘干。最后的机器是切纸机，在设置了纸的尺寸后，将纸放入机器里，就可把纸按照尺寸裁好。

造纸的过程其实是非常有趣的。你可以想象在一间空荡的大房间里，看不到人在活动，只有造纸的机器在嗡嗡作响。机器一整天都在运转着，一天之内生产出来的纸足有几百吨。造纸机器里的网，一天运转的总路程甚至可以和圣彼得堡到莫斯科的距离相比。

后来人们将木头作为造纸的原料，木头造纸的后半部分程序和破布造纸其实相差无几，只是在前半部分有所差别。木头首先要变成细纤维，再去除掉其中的杂质。木头造纸也需要很多大机器来帮忙，经过很多个步骤才能完成。

一棵长在树林里的云杉，每到冬天都会被伐木工人沿根部砍倒。削去枝叶，留下树的主干。人们再沿着雪橇路把树拖到河里。

春天来临，河水也涨上来了，人们在冬天拖进河里的木材也漂在了水面上。木头从小河漂进了大河里，河岸边的人们将木头编成了木筏。人们划着木筏来到了造纸厂。

造纸厂冒出浓浓的烟，木筏就在这里变成了纸。

木头进入到工厂以后，发生了翻天覆地的变化。首先，人们先脱去它的外衣——树皮。然后把成根的木头变成小片状。随后用粗筛子过滤。最后一步就是蒸煮了。破布是放在碱水里煮的，但是木头则需要放在酸性水里煮。人们清洗经过蒸煮的木头，使之变成纤维。接着去除掉纤维中的树节子，最后一步就是把纤维倒在网上。云杉就在几个机器中从木头变成了纸。

我们现在使用的纸，具有非常多的优点。薄、光滑、容易书写。但是它也具有一个很大的缺点，纸都是经过漂白液漂白的。而漂白液具有很强的腐蚀性，所以纸变得非常脆弱，极其容易损坏。所以，现在的纸是很难保存上千年的。它的质量远远没有中古时期僧人们手里的羊皮纸好。

如果一本书想要永久地被保存下来，是不能够用纸来做书的。在1935年的时候，人们发明了可以永久保存的书。这本书是用一种特殊的玻璃制成的，这种玻璃是不会碎的。一些字是金属融成的，非常坚固。这种书非常小，甚至只有一平方厘米。但是它上面的内容可是非常丰富的，以至于你要是想读这本书就得通过显微镜看。

人们为了保存重要的资料，例如一些历史方面的文献，就发明出了“永久的胶片”。这种胶片都保存在科学院里。可以设想一下，几千年后，人们还可以找到过去的资料，了解过去发生的事情。

现在使用的纸和刚刚发现的印刷纸区别已经很大了。不仅仅是纸，现在的笔也和过去的笔不同。有时候你发现一种物品叫这个名字，但是名字往往比这个物品本身存在得更加长久。转笔刀不再像过去一样用来削钢笔，而是用来削铅笔。钢笔也不是动物羽毛制成的。

在1826年前，人们使用最多的笔就是鹅毛笔。1826年后，有一个名叫梅逊的人发明制造钢笔头的机器。有了这种机器，人们就开始逐渐使用钢笔而不再用鹅毛笔。

在很多年前，圣彼得堡的衙门中，人们都还在使用鹅毛笔。这种鹅毛笔也是像现在的铅笔一样，需要削出尖来使用。但是，鹅毛笔的笔尖必须削得又尖又斜，还要削出一点儿裂缝来，这就比削铅笔难多了。因此削鹅毛笔就成了一份不太容易完成的工作，衙门中有一些官

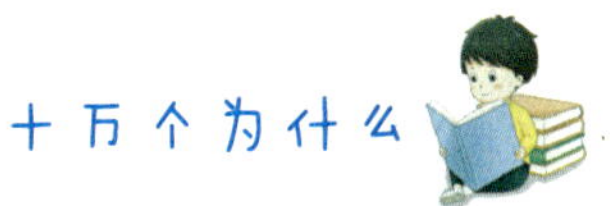

吏就是专门负责削鹅毛笔的。

鹅毛笔写完字之后，墨水通常还没有干。你还要在纸上撒下一些细沙子，来吸附纸上的墨水。所以，当你收到一封鹅毛笔写的信时，你还会发现信封里有哗啦啦的沙子声。

过去的文具盒也和现在的截然不同。鹅毛笔时代的文具盒里除了笔，还得装着沙子呢。

笔杆在钢笔头被发明之前早就存在。在鹅毛笔出现前不久，就有人曾经发明出一种由鹅毛管制成的笔头。这种笔头可以插在笔杆里使用，所以笔杆出现的时间要比钢笔头早很多。

在古代人们就已经开始用铅笔写字了，它的历史要比钢笔长很多。最早将石墨粉和黏土混合在一起做成铅笔的是法国人杰克·孔特。黏土的作用是保护铅笔芯，使它不易折断。

这种制作方法并不是特别复杂。首先要把带有几条小槽的木板准备好，然后把石墨压成小条装进去，再盖上一块同样有槽的木板，用胶把两块木板粘牢。

此时做成的是一块板子，里面装着六支石墨芯。接着需要把粘好的板子放进刨削机里，进行切割，这时就是六支铅笔。当然还差最后一步，需要把不光滑的地方进行打磨，最后装进铅笔盒子里。

铅笔与钢笔好像没有蜡版铁笔和鹅毛笔使用的时间长久。打字机一出现，钢笔就不再被各个机关所重用，甚至都被置之不理。也许在将来的某一天，每一位小学生都会背着一台打字机去上学。相信这一天，不会太远。

书的命运

拉丁谚语中有这样一句："每一本书都有自己的故事，而且它的故事要比人类的故事更加扑朔迷离。"

希腊诗人阿尔克曼的诗集就是这样。这本纸草纸卷的诗稿经历了被埋葬的事实，就和人被埋葬一样。它之所以被保存得这么好，就是这个原因。这是不是很奇妙，而且有些不可思议吧？

为什么几千年前的文件、书籍、诗稿都完好无损呢？这和古埃及特有的风俗有关。他们在人死后，要把生前所有的文件等一起处理，就和木乃伊一样。于是，这些文件就会在木乃伊的身旁不会有丝毫的改变，流传到今天，成为一种宝贵的文字资料。

书籍在埃及人的坟墓中历时这么久却安然无恙，这即使是最高级的图书馆也无法做到。埃及最大的图书馆是亚历山大图书馆，当年恺撒的军团进攻亚历山大城时，那些珍贵的图书都被烧毁了。

那些被烧毁的图书，多达几百万卷，其中还有不计其数的手抄本。现在亚历山大图书馆里仅剩一些并不完整的图书目录了。在当时，曾令读者们感到过兴奋与伤感的书籍，已经在大火中化为灰烬，留给世人的只剩下那些残缺不全的名字。如同那些死去的人，只剩下墓碑上一个空空的名字一样。

还有一些命运更加曲折的书籍。与其说人类想将它们毁灭，还不如说它们因此而获得了新生。因为人们想丢弃的并不是书籍，而是其中的文字。

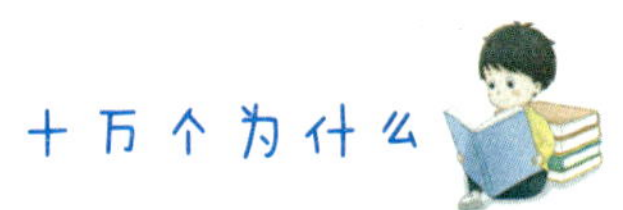

在中世纪的时候，羊皮纸的价格是非常贵的。有的人用小刀把写有“异端”的希腊诗或罗马史的文字刮掉，重新写上“圣人”的传记。当时有很多人是专门干这种勾当的，致使大批大批的书籍被改了容颜。如果现在不能将那些被损的“羊皮纸古抄本”还原，那将是一个巨大的损失。

羊皮纸中已经有了深深的墨迹，纵然你再怎么用力，也不可能将原文刮得干干净净。要是将这些被损的手抄本浸入一种化学溶液中，那些被刮掉的蓝色或者红色的字迹就会奇迹般地再现。

手抄本得到了还原，可随之而来的后果也是相当严重的。经过处理后的手抄本很快会变成黑色，原文变得模糊一片，根本无法再阅读。为了能够恢复手抄本的本来面目，在处理时用到了没食子中的鞣酸。

如今的每一个大图书馆里，都有几本经历过这样生死的手抄本。

曾经有一个参与将“羊皮纸古抄本”还原工作的学者，他居然故意把已经复活的手抄本毁掉。据说是为了掩盖自己在翻译过程中犯下的错误。

最近，人们已经想到用其他的药物来代替鞣酸。它的缺点是令原文还原的时间很短暂，这就需要赶紧用照相机将复活的原文拍下来，再及时将药物洗下去。

令人高兴的是最新消息报道：人们只要使用照相机对着被损的原文拍照，就可以将被刮掉的原文拍得清清楚楚，这样手抄本就不会被药物损坏。但要想达到这种效果，就需要用红外线来对手抄本进行照射，同时还需要与红外线相匹配的胶片才能完成这项工作。

西班牙有一本古书，这本书曾经被一个宗教法官用深黑色的墨水将原文覆盖了。人们用红外线对这本古书进行照射，原文显得很清晰，

也看不见深黑色的墨水痕迹。那位法官也没有想到现在的技术这么发达，他一定以为自己用墨水涂掉的字迹永远不会再呈现在世人面前。

虽然有对书籍进行破坏的敌人，但是也有对书籍充满热爱的朋友。他们为了找寻古书的遗迹，曾来到过埃及人的坟墓，来到过赫库兰尼姆和庞贝城的火山灰之下，也来到过寺院的档案库。

下面这个故事就讲述一位书籍痴迷者是如何发现维罗纳图书馆的。

在马费伊之前，就有不少旅行家对维罗纳图书馆进行了研究，他们曾记录过这个图书馆里有很多珍贵的拉丁文手抄本。马费伊知道有两位学者曾经对它进行了苦苦地找寻，可始终没能如愿。他们就是马比伦和蒙福康。虽然他们的寻找没有结果，可这并没有令马费伊失去前进的动力。

马费伊是一位古文字学家和古抄本鉴定家，虽然自己取得过了不起的成就，可他仍然对寻找维罗纳图书馆这一工作热情而执着。终于，他在维罗纳牧师会的藏书库里找到了传说中的维罗纳图书馆。传说变成了现实，只是别人没有发现，原来它不在藏书库的书橱里。

有谁会登上梯子去看一看书橱上面有什么呢？马费伊却做到了。当他看见那布满灰尘的、杂乱无章的手抄本时，他的心激动得狂跳不已。这是在这个世界上唯一的、最古老的、珍贵的手抄本啊！他怎能不为之激情澎湃呢？

关于书籍的故事还有很多很多。

我们看到的每一本古书都经历过艰难的旅行，它如同一艘小小的纸船，在波涛汹涌的洪流中却能保存完好。这是一件多么神奇而伟大的事啊！它的材质非常脆弱，你知道吗？一个火星、一只蛀虫都有可能令它们在这个世界上消失。

如今，每天都有大批大批的书籍被印刷出来。若干年后，相同的书籍也许会有几本甚至一本能被完好无缺地保存下来吧。

古代的书籍可不是印刷而成，是古人一笔一画抄写的。这是非常辛苦而珍贵的。一种书几乎就一本，它要是消失了那就相当于这部作品就没有了。不得不说，手抄本能够保存到今天真是一个伟大的奇迹。

在古代，我们莫斯科的很多珍贵书籍都在大火中被焚毁了。而且，莫斯科的火灾还不止一次。据说曾有一次大火燃烧得非常厉害，火势几乎席卷了整个莫斯科城。

还有一大部分书籍由于敌人的侵入而被毁，这在历史上是有记载的。1382 年，鞑靼人入侵莫斯科。尽管当时人们都想尽办法将书籍保护起来，有的还送到寺院里面藏起来，可依然没能逃脱那些鞑靼人的魔爪。

几经周折，只有几本手抄本能够幸免于难。可是，在这些仅存的书中大部分都是宗教书。为什么会这样？因为宗教书是和那些金银钱财放在一起的。当发生火灾或者敌人侵入时，他们首先要保护的是那些宗教书和圣像。

一些世俗的故事、诗歌和小说也被保存下来了。对于这些书籍的抄写和保存都是经过严格保密的。在寺院里，看这些书籍是要被严厉处罚的。僧侣们要是演唱欢乐或赞美的歌曲会遭到处罚，阅读一些世俗的书籍则会被看作是一种犯罪行为。

尽管院规这样严厉，可还有一些黑衣僧会经常偷看《吉夫格也夫婚事》。一旦被寺院院长发现，就将手抄本烧掉，并把黑衣僧关到谷仓或者水牢。

奥斯特罗米尔的《福音书》是现存最古老的俄罗斯手抄本。

你们知道吗，当时的书都需要定做，就像我们去做一件衣服一样。在11世纪的时候，诺夫哥罗德总管奥斯特罗米尔邀请葛雷哥里抄写《福音书》。这本书不仅字迹工整，还用金箔、颜料对整本书进行了装饰，卷首插图和五彩标题字母也设计得非常高档。

这本书在俄罗斯的历史进程中能够安然度过，已经是奇迹了。它首先从诺夫哥罗德出发，来到了莫斯科，几个世纪之后又来到了圣彼得堡。

它曾经被珍藏在诺夫哥罗德总管的官邸里、在莫斯科教堂的柜子里、在议员的书橱里、在女皇的衣橱里。彼得一世的圣谕、女皇的晚礼服、短棉袄都曾是它最亲近的伙伴。最后，它终于来到了永久的家——公共图书馆。

而那些世俗的故事、诗歌和小说的命运就没有这么好了。它们只能出现在一些劝世文集里，也只有一些历史学家才能偶尔看到它们的足迹。

穆辛·普希金伯爵就是其中的一位，他特别爱好古书。1795年，他从雅罗斯拉夫尔一个寺院的总长那里得到了几部手抄本。穆辛·普希金伯爵将这些书进行了整理，他发现里面包含着八部作品。

书中首先讲述了创造世界的过程，然后记载了犹太王、亚述王等一系列国王的年表，还有历史教程以及俄罗斯王公编年史。

接下来讲的是一些

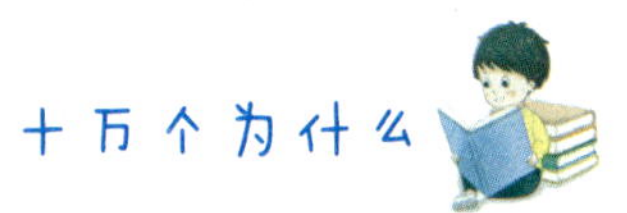

世俗传说和故事，有《印度豪富传》《费利帕脱、马克西姆和他们的冒险记》，以及《奥列格之孙、伊戈尔·斯维亚托斯拉维奇远征记》。需要特别说明一下，《伊戈尔远征记》可是流传到近代的古代诗篇中最古老的、最有价值的著作。

于是，历史学家们开始着手研究《伊戈尔远征记》。首先要能读懂它。因为这本书是手抄本，它的字迹非常不清晰，而且在断句上也存在很大问题。在哪个字开始，又到哪个字结束，都很难搞清楚。另外，古书中还有很多古字，有的古字已经不再是原来的意思。所以，要想读懂也是困难重重。

如果今天那本《伊戈尔远征记》依然还在，我们一定会对它进行整理、研究，让它实现自身的价值。可是，这本最古老而珍贵的手抄本却早已经化为乌有。它在鞑靼人入侵时经受住了严峻的考验，却在法国军队入侵俄罗斯时不幸遇难。1812 年的一场大火，让这本属于俄罗斯的著作灰飞烟灭。

《伊戈尔远征记》写于 12 世纪，它经历的时代比较久远。之后，穆辛·普希金得到了一本抄写本，只不过和原稿大相径庭。首先这本用的不是羊皮纸，而是用纸抄写的。另外它记载的内容是不完整的，也有纰漏之处。

一个国家和民族的命运在一本书上也能得到深刻的体现。

你一定以为书就是用来阅读、增长知识的。其实，书还有一个更重要的作用，那就是战斗的武器。可以利用写在书上的内容与统治者进行尖锐而激烈的斗争，可以帮助人类推翻国王的残暴统治。只要你读一读书中的内容，就可以知道这本书在赞美什么，拥护什么。

1789 年法国大革命前出版的法文书，你们一定还没有读过。我曾

经在科学院的图书馆里阅读过几本，其中有一本给我的印象很深。那本书装订得非常精美，里面还有漂亮的图画。书中讲述了保王党颂扬王权的事。

还有一些微型小册子，都是革命党人使用的书。把它们装在口袋里、握在手心里，都是轻而易举的事。把书做成这么小，就是为了在出境时方便携带、不轻易被发觉。照这样看，把书做成大的还是小的，都是有一定原因的。

人的生活与书是形影不离的，下面这件事就是一个有力的说明。

这个故事发生在16世纪的法国。1539年，里昂的排版工人发动了有史以来的第一次大罢工。这次罢工历时两年，双方一致僵持不下。

在印刷厂中，有一个叫陀莱的老板，他非常赞同工人的意见，接受了工人们提出的条件。后来，罢工停止了，工人们对原来提出的条件不再坚持，答应每天十五个小时的工作制。这一次，老板们取得了胜利。

罢工结束了，可其他老板们对陀莱一直怀恨在心。五年后，陀莱遭到他人告密，里昂的印刷业业主也参与其中，都说他在私自印刷无神论的书籍。告密者找到的证据是在陀莱出版的书中有“死后你就会化为乌有”这句话。其中“乌有”这个词令陀莱丢了性命，他们说这是反对灵魂永生的确凿证据。

结果很快就出来了，陀莱被判处死刑，与他一同在巴黎莫贝尔广场被焚烧的还有他的书籍。

到此，我们这一章也接近尾声。我感到很抱歉，对于书籍，我们要了解的还有很多很多，在这里谈的也实在是太少了。